## CHARLES BARBET

Conseiller à la Cour d'Appel


# QUESTIONS SOCIALES

## ET

# ETHNOGRAPHIQUES

## FRANCE — ALGÉRIE — MAROC

Ouvrage honoré d'une souscription du Gouvernement Général de l'Algérie


ALGER

ANCIENNE MAISON BASTIDE-JOURDAN

JULES CARBONEL

IMPRIMEUR-LIBRAIRE-ÉDITEUR

1921

# QUESTIONS SOCIALES

## ET ETHNOGRAPHIQUES

**CHARLES BARBET**

Conseiller à la Cour d'Appel

# QUESTIONS SOCIALES

## ET

# ETHNOGRAPHIQUES

## FRANCE — ALGÉRIE — MAROC

ALGER

ANCIENNE MAISON BASTIDE-JOURDAN

**JULES CARBONEL**

IMPRIMEUR-LIBRAIRE-ÉDITEUR

1921

# FRANCE

# L'ENFANCE CRIMINELLE

La question de l'enfance coupable ou criminelle est malheureusement encore d'actualité et préoccupe, à juste titre, les esprits qu'intéressent particulièrement les questions sociales.

Cette question est, en effet, l'une des plus intéressantes et aussi l'une des plus complexes qui sont à l'ordre du jour. Il importe donc, eu égard à son importance, de l'examiner très attentivement et d'une façon approfondie, afin de remédier le plus promptement possible à une situation dont la gravité flagrante est de jour en jour plus inquiétante, cependant que se succèdent et se multiplient les attentats de toute sorte commis par les adolescents de tout acabit, pervertis dès leur enfance et, partant, idoines aux pires méfaits.

Ce n'est en effet un secret pour personne que dans les grandes villes de France notamment, de nombreux attentats, crimes ou délits, sont perpétrés par des jeunes gens de 16 à 20 ans et le plus souvent, l'union faisant la force, ces malfaiteurs précoces, pour qui « la valeur n'attend

pas le nombre des années », se réunissent en bandes,
constituent de véritables syndicats, afin de pouvoir atteindre plus sûrement le but qu'ils se proposent et mettre à
exécution leurs sinistres projets.

Lorsque ces malfaiteurs sont des mineurs de 16 ou
de 18 ans, il appartient aux tribunaux correctionnels,
ou aux Cours d'assises devant lesquels ils sont poursuivis,
suivant la nature des attentats qu'ils ont commis, d'apprécier et de décider, en droit, s'ils ont agi avec ou sans
discernement, mais en fait et sauf de très rares exceptions,
leurs agissements, l'habileté dont ils ont fait preuve dans
l'exercice de leur peu honorable profession, le cynisme
écœurant qui les caractérise, prouvent à l'évidence qu'ils
sont bien réellement conscients de leurs actes et que c'est
de propos délibéré, en toute connaissance de cause, qu'ils
ont perpétré les attentats relevés à leur charge. Il en est
ainsi notamment des vols qualifiés suivis ou non de
meurtres dont ces jeunes apaches se rendent coupables.

Dès qu'il y a « un coup » à faire, ils se réunissent, se
concertent, organisent de véritables conciliabules dans
les établissements où ils ont coutume de fréquenter
et « après en avoir délibéré », comme on dit au Palais,
après avoir attribué à chacun le rôle qui lui convient
et avoir, en d'autres termes, prémédité leur crime, ils
le mettent, sans vergogne, à exécution.

Lorsque la Cour ou le Tribunal a décidé que le mineur

qui lui est déféré a agi sans discernement, il est acquitté ou plutôt absous, et alors la question se pose de savoir si cet enfant sera rendu à ses parents ou renvoyé dans un établissement pénitentiaire, pendant un temps déterminé qui ne peut excéder l'époque où le mineur aura accompli sa vingtième année, conformément à l'article 66 du Code pénal. C'est ici qu'apparaît l'écueil redoutable qu'en dépit des meilleures intentions et des plus louables efforts, on ne parvient pas toujours à éviter ; quel que soit le parti que l'on prenne, on est, en effet, souvent exposé à tomber de Charybde en Scylla, à moins que la famille du mineur, momentanément égaré, soit honorable et présente toutes les garanties désirables au point de vue de l'amendement du jeune criminel ou du délinquant ; mais qu'adviendra-t-il, si ces garanties ne se rencontrent pas absolument, et si néanmoins, l'adolescent absous est remis à ses parents ? Au lieu de s'amender et de racheter par une conduite irréprochable la faute ou l'erreur qu'il a commise d'une façon plus ou moins consciente, il se contaminera davantage au contact de ceux qui devraient le guider dans la bonne voie, mais qui, méconnaissant hélas ! leur devoir, ne peuvent lui être d'aucun secours et ne songent pas à le réconforter, à le redresser s'il vient à défaillir de nouveau, à retomber dans ses premiers errements.

Que si, au lieu de remettre à ses parents le mineur qui

a agi sans discernement, la juridiction compétente a ordonné son renvoi dans une maison dite de correction, pendant un temps déterminé, qu'arrivera-t-il ? Le jeune délinquant va-t-il se corriger, venir à résipiscence, grâce à ce séjour plus ou moins prolongé dans l'établissement pénitentiaire où il sera interné et soumis à un régime assez sévère ?

Loin de moi la pensée de jeter le discrédit sur les maisons de correction qui sont généralement bien dirigées et où chacun fait modestement son devoir, mais je ne puis me défendre de quelque scepticisme en ce qui concerne l'amendement moral des adolescents que l'on incarcère dans le but très louable de les régénérer. Ces maisons de correction sont malheureusement presque toujours, il faut bien le reconnaître, des maisons de *corruption*, comme on l'a dit trop justement, hélas !

Le petit malfaiteur va se trouver là, écrivait récemment un publiciste notoire, « en contact avec des garnements plus âgés que lui, chez lesquels l'idée du mal est ancrée depuis longtemps et qui ne tarderont pas à le corrompre, à le pervertir de façon irrémédiable ». Tel n'est pourtant pas l'avis non désintéressé d'une certaine catégorie de parents qui considèrent, comme le dit avec raison, un distingué criminaliste, M. Le Poittevin, les établissements d'éducation correctionnelle comme des institutions de bienfaisance et qui laissent leurs enfants se livrer au vagabondage ou à la mendicité, sans craindre des poursuites qui ont pour conséquence d'alléger leurs charges. Et c'est ainsi, ajoute M. Le Poittevin, qu'au lieu de demander que leurs enfants leur soient rendus, ils arguent soit de leur indigence, soit de la conduite de ces jeunes délinquants pour demander aux Tribunaux de renvoyer ceux-ci dans une maison de correction.

Je n'ai pas l'intention de prendre ici la défense des jeunes criminels ou délinquants dont le nombre tend à s'accroître, en dépit des mesures de correction prises à leur égard, mais ne conviendrait-il pas, en toute équité, en toute justice, d'examiner aussi, avec impartialité et sans faiblesse, le cas des parents de ces adolescents plus ou moins coupables? Sont-ils exempts de tout reproche, ces parents qui ont des devoirs impérieux à remplir envers leurs enfants? Ont-ils toujours rempli consciencieusement leur tâche? Ont-ils, comme ils le devaient, prêché d'exemple et aidé leurs enfants de leurs conseils? Hélas! non, le plus souvent. Les uns se livrent à l'inconduite, à la débauche, les autres s'adonnent à l'alcoolisme ; d'autres sains de corps et d'esprit, mais absorbés par leurs affaires, leurs occupations professionnelles, se désintéressent complètement de leurs enfants dont les faits et gestes les laissent totalement indifférents, et ceux-ci ayant carte blanche, ne tardent pas à abuser de la liberté excessive qui leur est octroyée si généreusement.

« Comment ne pas être indulgent pour ces malheureux ? dit Lucien Descaves, dans un de ses articles si documentés. La société n'aurait pas à se défendre contre eux si elle commençait par les défendre contre eux-mêmes et contre leur détestable famille. La célèbre boutade d'Alphonse Karr devient absurde en effet vis-à-vis de l'enfance coupable. On récolte ce qu'on a semé. » C'est donc : « Que Messieurs les semeurs commencent » qu'il faut dire. N'est-ce pas en effet, grâce à l'inertie, à l'indifférence coupable ou au défaut de surveillance de bien des parents que les enfants s'adonnent librement à l'oisiveté, mère de tous les vices, font l'école buissonnière, flânent du matin au soir dans les rues ou sur les fortifs, en proie à toutes les tentations, fréquentent les maisons de débauche où ils se corrompent moralement lorsqu'ils ne s'y contaminent pas physiquement, et ne tardent pas, en définitive, à s'enrôler dans l'armée du crime dont le contingent s'accroît de jour en jour dans d'inquiétantes proportions ?

Je sais bien qu'il est souvent difficile, voire même parfois impossible, à certains parents absorbés par leurs occupations professionnelles, par un labeur pénible et assujettissant de surveiller leurs enfants comme il conviendrait et de s'occuper avec soin de leur éducation ; mais combien d'autres se désintéressent moralement de leur progéniture et ne pourraient invoquer aucune excuse plausible pour tenter de justifier leur déplorable incurie !

Et que dire des parents que leurs tares morales discréditent et privent de  toute autorité, de tout  prestige  aux yeux de leurs enfants ? Que dire surtout de ceux qui, s'adonnant  à  l'alcoolisme, cette  plaie  sociale, contre laquelle  il  importe de  réagir  par  tous  moyens, ou se livrant cyniquement à l'abjecte débauche,

> ....... Cette machine inventée
> Pour désopiler l'homme et pour boire son sang,
> La meule du pressoir de l'abrutissement,

comme dit l'auteur de Rolla, n'hésitent pas à constituer une famille et à procréer des enfants dégénérés, abâtardis, qui naissent dans des conditions  manifestes d'infériorité physique et  intellectuelle et que leurs tares héréditaires rendent souvent idoines aux pires turpitudes, aux plus étranges aberrations. Ne sont-ils pas intéressants, ces malheureux viciés dès l'origine et dont le sens moral est fatalement, inéluctablement oblitéré par le fait et par la faute de leurs parents à qui incombe la responsabilité initiale de cette décrépitude physique et morale ? Ce sont, comme le dit très justement Lucien Descaves « des fruits avortés, tombés de l'arbre ». Mais qui s'inquiète de l'arbre et des causes de son appauvrissement ? La justice informe contre des enfants et des adolescents coupables d'un délit, « mais, dit l'éminent publiciste, elle laisse impuni le crime de leur avoir donné une vie empoisonnée à sa source ! »

Comment remédier efficacement à une situation aussi grave, aussi inquiétante ? La question est délicate et difficile à résoudre. Je n'ai certes pas l'outrecuidante prétention de solutionner un problème aussi ardu, aussi compliqué. Il appartient au gouvernement, aux pouvoirs publics, d'examiner très sérieusement cette question sociale, éminemment intéressante et de prendre le plus promptement possible les mesures nécessaires, sinon pour la trancher d'une façon complète et définitive, du moins pour endiguer, sans retard, le flot grossissant de la criminalité juvénile qui menace de tout envahir et qui, si l'on n'y prend garde, pourrait, avant longtemps, dégénérer en un véritable cataclysme social. Il importe notamment de sévir énergiquement contre les parents indignes et coupables en édictant contre eux des peines sévères et en provoquant à leur égard la déchéance de la puissance paternelle chaque fois que cette mesure serait applicable ; il faut rendre obligatoire la fréquentation scolaire et empêcher, par tous les moyens, les enfants, de faire « l'école buissonnière », cette pépinière du crime.

Il est nécessaire de protéger l'enfance contre tous ceux, et ils sont légion, qui tentent de la corrompre, de la dépraver, de la contaminer moralement et physiquement, et qui atteignent trop souvent leur ignoble but. Il faut sévir tout particulièrement et avec une impitoyable rigueur contre les proxénètes de toute farine, mâles et

femelles, qui exploitent cyniquement les mineurs des deux
sexes en les excitant à la débauche par d'habiles procédés,
de fallacieuses promesses, de séduisantes propositions
ou tout uniment en faisant appel à l'ardent érotisme,
aux instincts brutaux de leur jeune clientèle alléchée
par d'aphrodisiaques sensations, par l'irrésistible appât
du vice.

Il importe aussi de réprimer sévèrement les trop nombreux attentats aux mœurs commis sur de jeunes enfants
par de hideux maniaques, par d'ignobles satyres, érotomanes de tout acabit et de tout âge qui, pour satisfaire
leurs appétits contre nature, pour apaiser momentanément leur sadisme exacerbé, n'hésitent pas à souiller
leurs innocentes et pitoyables victimes lorsqu'ils ne les
tuent pas après avoir assouvi sur elles leur bestiale passion. En ce qui concerne ces invertis ou ces érotomanes
friands de fruits verts, on objectera peut-être que ce
sont des malades bien plutôt que des criminels et que
leur responsabilité pénale est, sinon inexistante, du
moins, singulièrement atténuée. Soit, je veux bien l'admettre jusqu'à un certain point, mais ils n'en sont pas
moins très dangereux ; il faut donc les interner afin de
les mettre dans l'impossibilité de nuire jusqu'à complète
guérison.

Il importe en outre de prononcer des peines exemplaires contre les jeunes criminels ou délinquants dont les

antécédents judiciaires prouvent à l'évidence, en dépit de leur âge, qu'ils sont irrémédiablement pervertis et qu'il ne reste plus, hélas ! aucun espoir de les corriger, de les régénérer. Mais, en revanche, il y a lieu de faire preuve d'une bienveillante indulgence envers les jeunes égarés, criminels ou délinquants primaires, plus ou moins conscients de leurs actes qui, dans un moment d'aberration passagère, se sont laissés aller à commettre une faute grave peut-être, mais dont ils n'ont pas réellement apprécié les véritables conséquences ou compris la portée sociale.

Il est, d'autre part, nécessaire de protéger l'enfance contre les publications malsaines et démoralisatrices qui pullulent et dont se délectent les mineurs moralement abandonnés par leurs parents inconscients ou insoucieux de leurs devoirs. Il faut les prémunir aussi contre les récits ultra-romanesques et les spectacles sensationnels, mélodramatiques, où les crimes et les attentats de toute nature sont exposés et mis en relief avec un luxe de détails suggestifs qui affolent souvent l'imagination ardente des enfants. Il importe également d'endiguer le flot des livres pornographiques, des magazines et des brochures aphrodisiaques qui excitent et exacerbent les passions encore à l'état latent ou embryonnaire. On pourrait aussi, pour combattre utilement la criminalité juvénile, organiser des réunions scolaires, dans toutes les villes, notamment dans

—

les centres industriels, instituer des patronages bihebdomadaires où fréquenteraient assidûment les enfants des deux sexes, et où ils pourraient lire, converser et jouer sous la surveillance de maîtres attentifs et bienveillants.

Mais ce ne sont là, je me hâte de le déclarer, que de simples indications. Je laisse à d'autres plus compétents, plus expérimentés que moi, le soin de remédier au mal que j'ai cru devoir signaler tout particulièrement à l'attention des pouvoirs publics. Ce mal est grave ; il empire chaque jour. Il est urgent de chercher et de découvrir le remède qui lui convient. Si l'on atermoie encore, comme on l'a fait jusqu'à présent, il sera peut-être trop tard !

# ENFANTS DE LA BALLE

Aux termes de l'article 8 de la loi du 2 novembre 1892, les enfants des deux sexes, âgés de moins de 13 ans, ne peuvent être employés comme acteurs, figurants, etc., aux représentations publiques données dans les théâtres et cafés-concerts *sédentaires*, mais aux termes du paragraphe 2 dudit article, le ministre de l'Instruction publique et des Beaux-Arts à Paris, et les préfets dans les départements, peuvent, exceptionnellement, autoriser l'emploi d'un ou plusieurs enfants dans les théâtres, pour la représentation de pièces déterminées.

En présence des abus résultant de l'application excessive du paragraphe 2 de l'article 8 sus-mentionné, qui rendait illusoire la prohibition édictée par le paragraphe 1er de cet article, deux députés, MM. de Monzie et l'abbé Lemire, proposèrent la révision de ce texte de loi. Ces deux distingués parlementaires demandaient la suppression pure et simple du paragraphe 2 de l'article 8, source de regrettables abus auxquels il importait de mettre promptement un terme. Ils estimaient qu'il y avait lieu de rendre absolue la prohibition édictée par l'article 8 de la loi du 2 novembre 1892 et de décider qu'à l'avenir, les enfants de moins de 13 ans ne pourraient plus « monter sur les planches », dans quelque théâtre ou sur quelque scène que ce soit.

Loin de moi la pensée de jeter le moindre discrédit sur les acteurs et autres *mentons bleus*, à quelque catégorie qu'ils appartiennent, mais nul n'ignore que les théâtres, les cafés-concerts et les music-halls ne sont pas précisément des écoles de mœurs. Chacun sait que Messieurs les comédiens et autres disciples plus ou moins notoires de Thalie ou de Melpomène, n'ont guère de préjugés et affectent même une certaine désinvolture à cet égard. Ce sont, pour la plupart, de très braves gens, je le reconnais volontiers, mais leur manière de vivre et leurs allures quelque peu excentriques ne sont pas toujours exemplaires, il faut bien en convenir. Il en est ainsi notamment en ce qui concerne le personnel hétérogène des cafés-concerts, des music-halls et des petits théâtres dont le programme alléchant, cantharidé, attire une nombreuse clientèle, qui n'a d'autre but que de se divertir « per fas et nefas », « pour ce que rire est le propre de l'homme ».

Eh bien ! est-il décent de permettre à des enfants de l'un ou l'autre sexe, âgés de moins de treize ans, c'est-à-dire absolument vierges et ignorants, ne sachant rien de la vie et ne soupçonnant encore ni ses tares ni ses lai-

deurs, est-il décent, dis-je, de permettre à ces éphèbes
dont l'esprit s'éveille et qui sont de véritables appareils
enregistreurs, d'une délicatesse, d'une sensibilité remarquables, de vivre et d'évoluer dans ce milieu spécial où
la morale est le plus souvent un vain mot et où la pudeur
est considérée comme un préjugé ridicule ? Poser la
question, c'est évidemment la résoudre. Permettre à ces
enfants de monter sur les planches dans de pareilles
conditions et dans une telle atmosphère amorale, c'est les
exposer à toutes les tentations et les vouer à une défloration
certaine. Grâce à la vivacité de leur intelligence toujours
en éveil et à la curiosité inhérente à leur âge, les enfants
qui vivent dans ce monde spécial des théâtres, ne tarderont pas à s'adapter à ce milieu et n'auront bientôt plus
rien à apprendre, hélas ! non pas en ce qui concerne les
choses du métier, mais en ce qui touche certaines matières
qu'ils devraient ignorer, eu égard à leur âge ou à leur
sexe et qu'ils ne tarderont pas à connaître, à l'insu même
de ceux qui les entourent et ne songent nullement à les
pervertir.

Certes, ces jeunes enfants seront choyés par leurs
camarades qui leur prodigueront des caresses et des gâte-
ries, car les gens de théâtre ont du cœur et sont généralement très bons, très dévoués, mais cela ne suffit pas ;
l'enfant a besoin, non seulement de caresses et de soins
physiques, mais aussi de conseils, d'*exemples* pour le pré-

server de la corruption et le prémunir contre le vice.qui le guette à l'orée de l'existence.

Est-ce dans les coulisses des théâtres et des music-halls qu'il trouvera ces exemples nécessaires et ces conseils précieux, fortifiants, que seuls peuvent donner les parents et les maîtres soucieux de leurs devoirs? Evidemment non. L'enfant égaré dans ce microcosme attrayant, mais pernicieux au point de vue moral, entend des propos équivoques, assiste à des spectacles peu édifiants, est fréquemment exposé à des contacts malsains, et ne tarde pas à se familiariser avec ce milieu *sui generis* où il est adulé par ses grands camarades qui le traitent familièrement, d'égal à égal, surtout lorsqu'il est intelligent et se distingue déjà par la précocité de son talent scénique. C'est là qu'est le danger. L'enfant disparaît alors pour faire place à un être hybride, bizarre, intéressant, mais amoral et artificiel. Ce n'est plus un enfant, avec les qualités et les défauts inhérents à son âge, c'est un cabotin, ou une cabotine en miniature, avec la mentalité spéciale qui caractérise ce personnage.

J'estime qu'il faut soustraire, autant que possible, l'enfant, à ce milieu où il risque de s'atrophier moralement.

Ce n'est pas sur les planches d'un théâtre, sur les tréteaux d'une baraque foraine ou sur la scène d'un music-hall, voire dans les coulisses de ces établissements où l'on s'amuse, que l'enfant doit vivre, même passagèrement ; c'est à l'école ou dans sa famille, dans un milieu sain, non équivoque et où l'atmosphère est pure, que l'enfant doit respirer et grandir, sans courir le risque de se contaminer et de se corrompre.

Voilà pourquoi je suis partisan de la réforme législative préconisée par MM. de Monzie et l'abbé Lemire, et voilà pourquoi j'estime qu'il importe de prohiber, sans restriction, d'une façon absolue, l'emploi des enfants dans les théâtres et les cafés-concerts, sédentaires ou non. J'estime même qu'il conviendrait de décider qu'à l'avenir, la prohibition édictée par l'article 8 de la loi du 2 novembre 1892 s'appliquera, non pas seulement aux enfants de l'un et de l'autre sexe âgés de moins de treize ans, mais à tous les mineurs de *seize ans*, sans aucune restriction comme l'a décidé le législateur en ce qui concerne les théâtres forains, aux termes de l'article 1<sup>er</sup> de la loi du 7 décembre 1874 ainsi conçu :

Tout individu qui fera exécuter par des enfants de moins de seize ans des tours de force périlleux ou des exercices de dislocation ; tout individu, autre que les père et mère, pratiquant les professions d'acrobate, saltimbanque, charlatan, etc., qui emploiera dans ses représentations des enfants âgés de moins de seize ans, sera puni d'un emprisonnement, etc.

Il s'agit d'une question de salubrité morale, et c'est le cas de rééditer l'adage latin bien connu : « *Maxima debetur pueris reverentia* ».

# BECCARIA ET LA PEINE DE MORT

Beccaria n'était ni un grand philosophe, ni un grand jurisconsulte.

Vivant à une époque où la torture était en honneur et où l'*horreur* était le principal caractère des peines, il ressentit une profonde indignation contre cet ensemble de lois draconiennes et barbares, dernier vestige des cruelles institutions du moyen-âge, et il entreprit courageusement de les faire disparaître en étalant aux yeux du public intelligent et bon, tout ce que ces lois avaient d'inique et surtout d'inhumain.

Le plaidoyer qu'il rédigea contre les différents supplices alors en usage n'est autre que le *Traité des délits et des peines*, où l'auteur s'efforce, au moyen d'une logique rigoureuse, de démontrer ce qu'ont d'injuste et d'odieux, la torture et les procédés du même genre, auxquels on soumettait le prétendu coupable.

L'on peut s'étonner aujourd'hui que Beccaria ait cru devoir recourir à la dialectique pour prouver une chose qui nous paraît évidente ; mais cela était nécessaire à cette époque où la torture trouvait, chez de grands jurisconsultes, de vaillants défenseurs.

Beccaria fit valoir de nombreux et puissants arguments en faveur de sa thèse. Néanmoins, il eut de la peine à convaincre les esprits, obstinés pour la plupart et fortement attachés à la tradition.

Enfin, après un dur labeur et de pénibles efforts, il parvint à rallier un certain nombre d'adeptes et eut le bonheur de voir son œuvre couronnée de succès ; il avait triomphé, non sans peine, de l'entêtement et de la cruauté, deux forces contre lesquelles il avait dû lutter avec la plus grande opiniâtreté. Le *Traité des délits et des peines* fut traduit dans toutes les langues et tiré à un nombre prodigieux d'exemplaires. La raison l'emportait enfin et la voix de la justice pénétrait les consciences, jusque-là réfractaires.

Dans cet ouvrage, il aborda la question de la peine de mort et l'envisagea sous deux points de vue : celui du droit pur et celui de l'efficacité de la peine.

Au premier point de vue, son argumentation est assez faible.

Dans l'aliénation que l'homme a faite à la société d'une partie de ses droits, pour assurer son bien-être, dit Beccaria, il n'a pas entendu l'autoriser à disposer de sa vie comme bon lui semblerait.

La société s'est donc arrogé un droit qui ne lui appartenait nullement et cela, pour frapper l'homme qui, de bonne foi, avait consenti à renoncer en sa faveur, à ses plus belles prérogatives. C'est là un acte déloyal qui rend la peine de mort absolument illégitime.

Il est facile de réduire à néant ce raisonnement, ou plutôt cette subtilité. En effet, quand un individu tue son semblable, la société n'a-t-elle pas le droit et même le devoir d'intervenir, non pas seulement pour venger la victime, mais afin de garantir la sécurité publique placée sous sa sauvegarde, en empêchant ce misérable de renouveler son crime ? Cela nous paraît incontestable.

Mais son rôle doit-il se borner là ? Ne peut-elle pas faire davantage sans sortir des limites qui lui ont été tracées, et dire au meurtrier : « Tu as disposé de la vie de ton semblable, et, en agissant ainsi, tu as outrepassé tes droits ; et bien, moi, qui ai la mission de réprimer les abus et de réparer les torts, je m'empare de la tienne comme tu as fait de celle d'autrui ; je t'applique la peine du talion, au nom du principe de la *proportionnalité* même ».

Il nous semble qu'un tel langage est conforme à la justice et n'a rien d'arbitraire.

Au second point de vue, celui de l'efficacité de la peine, Beccaria prétend que la peine capitale n'a jamais arrêté le bras du criminel ; que la pensée du châtiment entrevu dans l'obscur lointain, n'a jamais ébranlé sa résolution fermement arrêtée ; en un mot, que l'effet produit par la peine de mort, n'est pas celui qu'on en attend ; d'où il conclut qu'il faut la supprimer, comme une mesure inutile et barbare.

D'ailleurs, dit-il, les travaux forcés à perpétuité ont un caractère beaucoup plus intimidant que la peine capitale qui, en définitive, n'est jamais, pour le coupable, qu'un « mauvais moment à passer », tandis que la privation de la liberté pour la vie constitue une peine successive, une douleur de tous les instants, qui mine peu à peu celui qui la subit et revêt, à ce titre, un caractère sinistre, terrible, qui doit nécessairement frapper l'homme sur le point de commettre un crime.

Beccaria, en s'élevant contre la peine de mort, ne s'est pas assez préoccupé de l'état moral du pays où ce châtiment est en vigueur. Pour que l'on puisse supprimer la peine capitale, il faut d'abord, ce me semble, que le niveau de la criminalité se soit abaissé sensiblement, que le nombre des meurtriers diminue de jour en jour, ce qui n'est pas actuellement le cas, hélas !

A ce propos, il nous paraît opportun de rappeler ici le mot spirituel d'Alphonse Karr :

« Soit, disait le spirituel auteur des *Guêpes*, que l'on supprime la peine de mort, j'y consens volontiers, mais à condition que Messieurs les assassins prennent l'initiative ! »

Certes, s'il en était ainsi, l'on pourrait songer à adoucir
le châtiment et même à renoncer, tout à fait, pendant un
certain temps, à répandre le sang humain dont il faut bien
se garder d'être prodigue. Mais que si, au contraire, la
criminalité augmente, si le nombre des meurtriers s'accroît de plus en plus, oh ! alors, point de pitié inopportune, point de faux sentimentalisme ; l'intérêt social
s'y oppose. La justice froide et sévère doit être écoutée.
Il ne faut pas laisser le privilège de la vie à ceux, qui, de
gaîté de cœur, s'emparent brutalement de celle de leurs
semblables. Il faut purger la société de ces êtres dépravés
qui sont indignes d'y vivre, même privés de liberté, loin
du commerce des autres hommes, sous peine de voir
bientôt cette société envahie par eux et menacée d'une
prompte destruction.

Ce qu'il faut, en dernière analyse, c'est protéger l'honnête homme contre le malfaiteur qui mérite rarement que
l'on s'apitoye sur son *malheureux* sort.

La proportionnalité de la peine au délit était le principal objectif de Beccaria. Son but n'était pas d'innocenter
le coupable, de prendre fait et cause pour lui comme pourrait le faire croire son plaidoyer contre la peine de mort ;
non, ce qu'il voulait d'une façon constante et absolue,
c'était une peine juste, *proportionnelle* au degré de
culpabilité de l'individu. Il haïssait l'arbitraire et lui
déclarait une guerre sans merci, s'efforçant de le faire

disparaître des lois où il régnait depuis déjà trop longtemps.

Tel est le mobile qui animait cet esprit humanitaire, mobile vraiment noble et en parfaite conformité avec les idées de justice et d'égalité qui dominent à notre époque.

# LA PRESSE ET LA CRIMINALITÉ

A mesure que les crimes de toute sorte se multiplient, la Presse et surtout les grands journaux parisiens, désireux de faire de la réclame et de satisfaire la curiosité inquiète, impérieuse et toujours inassouvie de ses multiples lecteurs, en quête de sensationnelles nouvelles, publient le récit détaillé, documenté, oh combien ! des faits et gestes de toute nature de « *messieurs* » les criminels de tout acabit, et, non contents de livrer ces documents humains en pâture au gargantuesque appétit du public, ils n'hésitent pas, pour donner à leurs articles un attrait plus vif, un cachet plus original, à reproduire aussi fidèlement que possible, grâce à des procédés photographiques très perfectionnés, et souvent même à l'aide **de** suggestifs instantanés, les traits des principaux personnages, des acteurs en vedette, et les scènes horribles, mélodramatiques qui évoquent aux yeux du lecteur alléché, les lugubres, sanglantes et malsaines péripéties du crime à l'ordre du jour. Et c'est ainsi que pour satisfaire à tout prix le goût dépravé du public, et aussi pour accroître l'importance du tirage, on ne craint pas de faire unc honteuse réclame aux malfaiteurs et aux assassins qui s'enorgueillissent de se voir portraiturer dans les grands quotidiens à côté d'illustres personnages, de philanthropes, de célébrités diverses appartenant au monde littéraire, artistique et scientifique. Je n'hésite pas à déclarer que de pareilles mœurs sont déplorables parce qu'elles constituent un véritable encouragement au crime, une prime flatteuse au vol et à l'assassinat. Je comprends, jusqu'à un certain point, la curiosité du public, encore qu'elle ne soit pas toujours très pure ; j'admets son désir assez naturel de connaître les faits divers et particulièrement les attentats sensationnels, mais est-il nécessaire, pour cela, de faire aux criminels l'honneur de reproduire leur physionomie, fort peu intéressante, à des milliers d'exemplaires et de réserver au récit de leurs prouesses une place qui devrait être consacrée à un plus noble usage ? N'est-il pas scandaleux et absolument immoral de flatter ainsi l'amour-propre et la fatuité des malandrins et des apaches très fiers d'une telle publicité qui met leur triste personnalité en relief et nimbe d'une auréole de pourpre le front de ces héros de romans-feuilletons dont les exploits passionnent les lecteurs naïfs, comme une œuvre de Dennery ou de Xavier de Montépin ? Pourquoi ne pas reléguer à la troisième ou à la quatrième page des journaux le compte-rendu plus ou moins détaillé de tous les crimes dont la plupart ne présentent d'ailleurs qu'un médiocre intérêt ou ne servent qu'à provoquer le scandale ? Et ne doit-on pas aussi redouter la pernicieuse contagion, grâce à cette publicité excessive, outrancière, notamment en ce qui concerne les affaires de mœurs ? Pourquoi ce luxe de détails circonstanciés et parfois très suggestifs dans le récit des viols et des attentats à la pudeur commis sur de jeunes enfants par d'ignobles satyres ou par des brutes en proie à la folie érotique, dans des circonstances particulièrement écœurantes ? Pourquoi, sous prétexte de documenter le public, se livrer à une véritable débauche de renseignements trop précis qui permettent au lecteur affriolé, de reconstituer mentalement la scène du crime et d'y assister pour ainsi dire ? Ne risque-t-on pas, en procédant ainsi, de corrompre l'imagination ardente d'un certain nombre de personnes de l'un et de l'autre sexe, ou tout au moins d'exciter les passions plus ou moins vives qui sont à l'état latent dans le cœur de l'homme et que le moindre ferment suffit souvent à développer en les exacerbant ?

On a d'ailleurs constaté, maintes fois, que tout criminel original qui a inventé et employé, pour perpétrer son crime, des procédés nouveaux, inédits, a presque toujours des imitateurs. Ce fait n'est-il pas, au moins en partie, la conséquence de cette publicité excessive, qui proclame *urbi* et *orbi* les moindres circonstances dans lesquelles sont commis les multiples attentats de toute sorte dont une sévère répression ne suffit pas à diminuer le nombre toujours croissant ?

Et dans un autre ordre d'idées, n'est-il pas déplorable de voir certains grands journaux parisiens, se substituer à l'autorité judiciaire pour procéder sans mandat, sous couleur d'interviews, à de véritables informations extra-judiciaires, et recourir pour atteindre leur but, à des procédés illégaux, incorrects, voire frauduleux, entravant ainsi le cours normal de la justice, sous le fallacieux prétexte de la seconder ? Je ne citerai à ce propos et à titre d'exemple que deux affaires criminelles sensationnelles, déjà anciennes, les affaires Steinheil et Remy et tout récemment, l'affaire Landru dans lesquelles la Presse parisienne a joué un rôle aussi actif qu'intempestif. On ne saurait protester trop énergiquement contre de pareilles mœurs qui discréditent le journalisme et jettent le désarroi dans l'esprit du public, et j'estime qu'il conviendrait de mettre un terme à de pareils abus en édictant des pénalités contre tous ceux qui, sans qualité, usurpent des fonctions dont seuls sont investis les magistrats de l'ordre judiciaire compétemment saisis.

Loin de moi, certes, la pensée de protester contre la liberté de la Presse pendant trop longtemps bâillonnée, mais il ne faudrait pourtant pas que cette liberté si belle, si précieuse, dégénérât en licence et abusât de ses prérogatives pour porter atteinte à la morale et à l'ordre publics !

# LA LIBERTÉ INDIVIDUELLE

## ET LE JUGE D'INSTRUCTION

.... Et nous maintiendrons avec
soin ce droit exorbitant accordé à un
homme de faire arrêter qui lui plaît,
à sa fantaisie, sans avoir besoin d'en
donner d'autre raison que l'idée qu'il
a que cela pourra l'éclairer !...

(*Le Journal*).

Parmi les libertés qui sont le propre de notre démo-
cratie et constituent l'apanage du régime républicain, il
en est une qui nous est chère et précieuse entre toutes,
c'est la liberté individuelle. L'homme est un être essentiellement libre par sa nature même, et, de toutes ses
prérogatives, celle qu'il préfère et dont il est particulièrement jaloux, c'est la liberté. Aussi, se préoccupe-t-on
plus que jamais de cette question de la liberté individuelle
qui, après avoir été si longtemps négligée et même totalement méconnue, est actuellement à l'ordre du jour et
présente un réel intérêt, notamment au point de vue de
l'Instruction criminelle. Nul plus que moi n'est respec-

tueux de la liberté d'autrui et je suis de ceux qui estiment qu'il vaut mieux laisser échapper plusieurs coupables que de condamner injustement un innocent. Le législateur a entouré la liberté individuelle de garanties nombreuses et le plus souvent effectives, en réorganisant l'information judiciaire et en rendant publique l'instruction en matière criminelle. Nous sommes loin de l'époque où tout individu était à la merci d'une lettre de cachet et où le bon plaisir régnait en maître absolu. L'information secrète, à huis clos, en l'absence du conseil de l'inculpé, a disparu pour faire place à une instruction loyale, contradictoire, lumineuse. Au cabinet noir du magistrat instructeur d'autrefois, a succédé une véritable *maison de verre* où tout se passe au grand jour et où la défense peut entrer librement, par la porte grande ouverte. Mais, objectera-t-on peut-être, la liberté individuelle n'existe pourtant que d'une façon nominale et les garanties dont vous parlez sont illusoires, puisque le Juge d'instruction, muni de pouvoirs exorbitants, peut, s'il le veut, décerner tel mandat qu'il lui plaît à l'encontre du premier venu et faire incarcérer préventivement un innocent, sur de simples présomptions de culpabilité. La lettre de cachet n'est donc pas abolie au point de vue judiciaire. Elle est remplacée purement et simplement par un mandat de justice qu'il appartient à un homme, à un magistrat, de délivrer suivant son bon plaisir. Ne devrait-on pas, en vertu du principe même de la liberté individuelle et afin de sauvegarder ce principe, enlever au Juge d'instruction le droit exorbitant, régalien qu'il tient de la loi et qu'il peut exercer à sa fantaisie, au risque de violer parfois l'un des droits les plus sacrés de l'homme ?

Je ne conteste pas que le Juge d'instruction possède, légalement, des pouvoirs très étendus qui lui permettent de disposer à son gré, mais non arbitrairement, de la liberté d'autrui. Il lui est loisible, au cours d'une information, s'il le juge à propos, c'est-à-dire s'il estime qu'il existe à l'encontre de telle ou telle personne, des charges ou tout au moins des présomptions graves de culpabilité, de faire incarcérer préventivement cette personne en décernant contre elle et sous sa propre responsabilité un mandat régulier. Mais ce droit, si étendu qu'il soit, constitue-t-il, comme d'aucuns le prétendent, une violation flagrante du principe de la liberté individuelle ? Je ne le crois pas. Le Juge d'instruction a le devoir de respecter scrupuleusement ce principe et de ne jamais le méconnaître. Il peut y déroger parfois, mais avec une grande circonspection, une prudente réserve et toujours à bon escient. Il ne doit se résoudre à décerner un mandat aux fins d'incarcération, qu'après un examen attentif et sérieux de l'affaire dont il est saisi et lorsqu'il est convaincu que la détention préventive qu'il va ordonner s'impose en raison des charges ou des présomptions relevées à l'encontre de celui qui en sera l'objet ; en d'autres termes, que l'incarcération par lui prescrite est nécessaire pour arriver à la manifestation de la vérité et à la démonstration certaine, évidente, indiscutable de la culpabilité de l'inculpé.

Je reconnais volontiers que tous les Juges d'instruction ne s'inspirent pas toujours de ces considérations et disposent parfois trop légèrement de la liberté des personnes incriminées plus ou moins facilement. Il arrive même quelquefois, assez rarement il faut le reconnaître, que des magistrats instructeurs, expérimentés et habituellement circonspects, se trompent de très bonne foi et font incarcérer des innocents. C'est profondément regrettable, j'en conviens, mais peut-on exiger que les Juges d'instruction, qui sont des hommes, soient infaillibles « errare humanum », et est-ce une raison suffisante pour conclure à la suppression du droit qui leur est conféré par la loi de déroger, quand c'est nécessaire, au principe de la liberté individuelle ? Je réponds sans hésiter, d'une façon négative parce que ce serait mettre le magistrat instructeur dans l'impossibilité de procéder utilement à une information et d'obtenir de sérieux résultats, c'est-à-dire d'aboutir à la manifestation de la vérité.

En effet, dans la plupart des cas, il est absolument nécessaire que le Juge d'instruction ait entièrement à sa disposition la personne sur laquelle pèsent de graves soupçons, afin de pouvoir l'interroger en temps opportun,

la confronter avec les témoins entendus et procéder à tous
actes d'information utiles en présence de l'inculpé et con-
tradictoirement avec lui. Il est également indispensable,
si l'on veut arriver à un résultat, de mettre l'inculpé dans
l'impossibilité de prendre la fuite ou de profiter de la
liberté dont il jouit encore pour circonvenir des témoins
en vue d'égarer les recherches de la Justice ou de se créer
faussement un alibi, en employant des manœuvres dolo-
sives, etc. Comment le Juge d'instruction pourrait-il
atteindre ce but, s'il n'avait pas le droit d'apprécier
l'opportunité de l'incarcération préventive de l'individu à
l'égard duquel l'information en cours a révélé des présomptions graves de culpabilité ?

Ce magistrat ne doit, je le répète, se résoudre à décerner
un mandat de dépôt qu'après mûre réflexion et enfreindre
le principe très respectable de la liberté individuelle que
lorsqu'il le juge nécessaire, afin de pouvoir remplir utilement la haute mission qui lui est confiée, mais il importe
que les pouvoirs dont il est investi par le Code d'Instruction criminelle lui soient maintenus en dépit des protestations plus ou moins indignées de certains profanes et
des erreurs regrettables commises par quelques magistrats
dans l'exercice de leurs délicates fonctions.

L'intérêt supérieur d'une bonne administration de la
Justice en matière criminelle doit primer le principe de
la liberté individuelle qui n'est d'ailleurs, pas sérieusement

menacé, quoiqu'en disent les partisans de la réforme du Code d'Instruction criminelle.

Au surplus, le Juge d'instruction peut et doit même, dans certains cas, avant de prendre une décision importante, de nature à engager sa responsabilité, conférer avec le Procureur de la République qui l'a requis d'informer. Il ne peut même décerner un mandat d'arrêt sans avoir communiqué le dossier de la procédure à ce magistrat, qui est tenu de formuler telles réquisitions qu'il juge utiles. C'est là encore une garantie contre l'arbitraire du Juge d'instruction et une sauvegarde du principe de la liberté individuelle. On ne peut donc pas dire avec juste raison qu'en pareille matière, c'est toujours le régime du bon plaisir. Les mesures prises par le Juge d'instruction au point de vue de l'incarcération préventive d'un inculpé ne sont d'ailleurs pas à l'abri de tout contrôle et de toute sanction. Ce magistrat sait qu'il agit sous sa propre responsabilité et qu'une arrestation inconsidérée, intempective ou injustifiée peut provoquer à son égard, de la part du Garde des Sceaux, une demande d'explications, voire une enquête, et, s'il a manqué de circonspection, s'il a commis une faute, lui faire encourir une peine disciplinaire proportionnée à la gravité du manquement professionnel qui lui est reproché.

Je sais bien que cette peine disciplinaire, si sévère soit-elle n'annulera pas le fait accompli et n'empêchera pas l'innocent d'avoir été arrêté et incarcéré injustement pendant un certain laps de temps, mais cette épée de Damoclès suspendue au-dessus de la tête du magistrat instructeur est, on en conviendra, de nature à le rendre prudent, sérieux et circonspect. Que si, en définitive, ce magistrat ne possède pas les qualités requises pour exercer, comme il convient, ses importantes et délicates fonctions, eh ! bien, qu'on le remplace !

# L'ÉGALITÉ DES SEXES

Le vent souffle en faveur de l'émancipation féminine, et de nombreux écrivains, voire des législateurs et des jurisconsultes, plaident chaleureusement cette noble cause. La femme, considérée depuis plus de cent ans, suivant la conception napoléonienne, comme une mineure, tend de jour en jour à devenir l'égale de l'homme, ou son *associée*, suivant la belle expression de Lucien Mulhfeld. On la reconnaît maintenant apte à exercer certaines professions qui constituaient depuis longtemps l'apanage exclusif de l'homme et, logiquement, l'on s'efforce, grâce à une active propagande, à d'habiles et éloquents plaidoyers, de faire disparaître, peu à peu, les inégalités choquantes qui pèsent encore légalement sur la femme et la maintiennent dans un état humiliant d'infériorité. Le législateur s'est ému de cette campagne féministe entreprise par d'illustres écrivains, par de nobles esprits qui ont pris à tâche d'obtenir une réforme complète du Code en faveur de la femme depuis trop longtemps sous la tutelle masculine. Plusieurs députés ont formulé naguère une proposition de loi tendant à l'abrogation de l'article 213 du Code civil ainsi conçu : Le mari doit protection à sa femme, la femme obéissance à son mari. Cet article consacre l'inégalité des époux et place la femme dans une situation inférieure à celle de l'homme, chef de la communauté conjugale, puisqu'il oblige le mari à protéger son épouse et astreint celle-ci à s'incliner docilement devant la volonté omnipotente de son « seigneur et maître ». C'est cette inégalité frappante, caractérisée, proclamée par le législateur de 1804, que les auteurs de la proposition de loi sus-indiquée veulent voir disparaître de notre Code. Ils estiment que ce texte est en contradiction flagrante avec les idées et les tendances modernes ; ils prétendent que la femme étant, non pas l'inférieure de l'homme, mais son égale, son associée dans le mariage, ne doit pas être tenue *d'obéir* à son mari, et que par voie de conséquence, le mari ne possédant plus la prééminence, vis-à-vis de son épouse, ne doit plus être contraint de protéger celle-ci, c'est-à-dire, d'exercer à son égard le rôle de tuteur, comme envers une mineure.

Il est certain que si l'on admet l'égalité des sexes, dans la société et dans la famille, on doit logiquement proclamer l'indépendance de la femme et la soustraire à l'autorité légale du mari. On ne peut d'ailleurs, ce me semble, soutenir d'une façon sérieuse et péremptoire, que la femme, eu égard à son sexe, est inférieure à l'homme, physi-

quement ou intellectuellement. Nous voyons, en effet,
tous les jours, des femmes plus robustes, plus vigou-
reuses que leurs maris. Il en est de même au point de vue
intellectuel, surtout depuis que le niveau des études fémi-
nines s'est élevé. Ne rencontre-t-on pas fréquemment, en
France notamment, des femmes supérieures à bien des
hommes par l'intelligence, par l'esprit, par les connais-
sances variées et étendues qu'elles ont acquises, par leur
compétence en diverses matières? N'assistons-nous point,
depuis quelques années surtout, à une véritable éclosion
de talents féminins dans le domaine de l'art, des sciences
et des lettres? Mais, dira-t-on peut-être, ce sont là des
exceptions, et la majorité féminine est inférieure à
l'homme au point de vue intellectuel. Nous ne le croyons
pas et il serait facile de démontrer que cette opinion est
erronée. En effet, sans parler ici des femmes qui possèdent
une intelligence au moins égale à celle de l'homme et qui
sont aptes à exercer comme lui, avec plus ou moins de
talent, de distinction, certaines professions ou certaines
fonctions, il existe de nombreuses femmes douées de
qualités remarquables, voire supérieures, dans le monde
des lettres, des arts et des sciences. Il serait trop long de
citer ici le nom de ces femmes distinguées ou célèbres
dont nous admirons le talent ou la valeur professionnelle.
Madame Curie n'était-elle pas, au point de vue intellectuel,
l'égale, l'associée de son mari, le regretté savant qu'elle a

remplacé à la Sorbonne ? Mesdames Daniel Lesueur et Marcelle Tinayre, pour ne citer que ces écrivains fémi- nins [1], n'ont-elles pas autant de talent, comme romanciers, que bien des écrivains mâles, dont la célébrité est consacrée ? Mesdames Sarah Bernhardt, Réjane, Bartet, Jeanne Granier, etc., ne sont-elles pas les égales, en leur genre, de Messieurs Coquelin, Mounet-Sully, Guitry et autres artistes dramatiques célèbres ?

Ces quelques exemples ne démontrent-ils pas, à l'évidence, que la conception napoléonienne est erronée et que si la femme n'est pas encore *légalement* l'égale de l'homme, elle est son égale en fait et non pas seulement d'une façon exceptionnelle, mais bien d'une façon absolue. Ce qui n'était autrefois qu'une exception, se généralise, en effet, de plus en plus à notre époque où le niveau intellectuel monte progressivement et où la femme tend à s'instruire au même titre que l'homme. Dans ces conditions, n'est-on pas fondé à protester contre une disposition légale, désuète, surannée, qui consacre d'une façon humiliante la prétendue infériorité de la femme mariée, vis-à-vis de l'homme, en l'astreignant à l'obéissance au même titre que le mineur à l'égard de son tuteur ou de l'enfant à l'égard de ses parents ? Nous n'hésitons pas à répondre affirmativement.

---

(1) Je pourrais en citer bien d'autres dont le talent est, depuis longtemps, consacré : Mesdames Séverine, Rachilde, Colette, de Noailles, Gérard d'Houville, Lucie Delarue-Mardrus, Jane Catulle-Mendès, etc.

Au surplus, cette obligation légale n'est-elle pas le plus souvent illusoire et, en fait, dans bien des ménages, la femme ne parvient-elle pas, en dépit de l'article 213 du Code civil, dont l'officier de l'état civil lui a donné lecture le jour de son mariage et qu'elle a sans doute totalement oublié, si tant est qu'elle l'ait entendu, la femme, dis-je, ne parvient-elle pas, avec la finesse et l'habileté qui la caractérisent, à se soustraire plus ou moins adroitement à cette sujétion que lui impose le législateur ?

Mais, objecteront peut-être encore les partisans de la théorie consacrée par le Code, l'article 213 du Code civil ne vise point la femme, mais seulement la femme *mariée*, et, en obligeant celle-ci à obéir à son mari, ce texte ne proclame point pour cela son infériorité intellectuelle ; il se borne à placer *l'épouse* dans un état de subordination, vis-à-vis du mari qui est le *chef* de la communauté et la contraint à s'incliner devant la volonté de ce chef qui, en retour, doit aide et protection à sa femme. Soit, je veux bien admettre cette interprétation, mais qu'est-ce que le mariage, sinon une *association* d'une nature particulière ? Pourquoi donc subordonner l'un des époux à l'autre et faire de la femme, compagne et associée du mari, la sujette, la servante de celui-ci ? Est-ce que dans une association, l'un des associés commande tandis que l'autre obéit et s'incline devant la volonté de son co-associé ? Evidemment non ; chacun des associés est l'égal de l'autre et peut même faire prévaloir son opinion, le cas échéant ; il possède les mêmes pouvoirs, les mêmes droits, les mêmes prérogatives que son co-associé. Pourquoi n'en serait-il pas de même dans le mariage, où les époux ont des droits et des devoirs réciproques, exercent des fonctions différentes eu égard à leur sexe et à leur tempérament, possèdent des aptitudes dissemblables qui leur permettent de faire prospérer leur association, au point de vue moral et matériel, en réunissant leurs efforts, en confondant leurs intérêts, en marchant parallèlement, la main dans la main, en se complétant pour ainsi dire, de façon à former une dualité puissante, indivisible, qui leur permet d'accomplir la tâche commune et d'atteindre, en définitive, le but qu'ils se sont proposé en formant librement, d'un commun accord, l'association conjugale ?

Ne convient-il pas, en conséquence, de consacrer légalement le caractère de cette association « sui generis » qu'est le mariage, en proclamant expressément, juridiquement, l'égalité des sexes et en faisant, tout d'abord, disparaître du Code ce texte désuet, inutile, qui fait de l'homme le maître, le protecteur de la femme et oblige en retour celle-ci à s'incliner humblement devant la volonté du mari, chef de la communauté, sous le fallacieux prétexte que son sexe ne lui permet pas d'être l'égale de l'homme et imprime à sa personne une sorte de tare indélébile ?

# LA SUPPRESSION DU DÉLIT D'ADULTÈRE

Sous l'empire des législations anciennes, l'adultère était considéré comme un crime et, le plus souvent, puni de mort. Il en était ainsi notamment en droit romain. En France, sous l'influence de cette législation draconienne, l'adultère fut également réprimé par la peine capitale ou par celle du bannissement, jusqu'au XVI<sup>e</sup> siècle, époque à laquelle la femme coupable d'adultère était condamnée à être internée dans un couvent.

Notre Code pénal prévoit et punit encore l'adultère, non plus comme un crime impliquant un châtiment sévère, mais comme un simple délit, d'une nature toute particulière, et dont le mode de répression varie, suivant que cette infraction est commise par le mari ou par la femme.

En pareille matière, l'action publique n'est jamais mise d'office en mouvement. Contrairement aux règles ordinaires du droit pénal, la poursuite et la répression du délit d'adultère sont toujours subordonnées à l'initiative ou à la volonté des intéressés, dont la plainte formelle peut seule provoquer les poursuites, et le désistement en arrêter la marche.

Le législateur de 1810 considérait donc l'adultère comme
un délit d'ordre privé, intéressant bien plus le mari ou la
femme outragés que la Société même, puisqu'il accordait,
notamment au mari lésé, le droit exclusif de provoquer
la mise en mouvement de l'action publique et d'arrêter à
son gré la marche des poursuites exercées sur sa demande
par le ministère public. Pourquoi, dès lors, recourir à ce
moyen terme et ne pas laisser purement et simplement
aux époux intéressés le soin de se pourvoir directement
devant la juridiction compétente? Pourquoi même ne pas
faire disparaître de la législation *pénale* ce délit privé,
d'ordre tout à fait intime, et ne pas lui restituer son
caractère propre, en le classant exclusivement dans la
catégorie des faits d'ordre civil? L'adultère n'est-il pas,
en effet, la violation manifeste, caractérisée, d'un contrat
civil bilatéral : le *mariage*, et, à cet égard, n'est-il pas
juridiquement et rationnellement prévu par le Code civil
et soumis aux dispositions des articles 1101 et suivants
de ce Code? Ne constitue-t-il pas une des principales
causes du divorce, dissolution légale et naturelle de ce
contrat?

Puisque le législateur de 1810, en appliquant à l'adultère
des règles toutes spéciales, a reconnu à cette infraction
« *sui generis* » un caractère surtout d'ordre privé, pourquoi
ne pas proclamer hautement et d'une façon expresse, non
équivoque, que ce pseudo délit n'intéresse pas *directement*

l'ordre public et, qu'en raison de sa nature civile, il ne doit pas être réprimé par la loi pénale ?

De deux choses l'une, en effet : ou bien l'adultère est un délit dont la répression intéresse éminemment la Société, et alors il importe de l'assimiler aux autres délits ordinaires dont le ministère public doit poursuivre, avec une entière liberté, une indépendance absolue, la répression au nom de la vindicte publique, et sans que l'évolution des poursuites soit subordonnée à la volonté ou au bon plaisir du plaignant, ou bien l'adultère est une violation pure et simple du contrat intervenu légalement entre deux époux, un manquement caractérisé, *flagrant*, aux obligations librement consenties entre lesdits époux, et alors il convient de lui attribuer son véritable caractère, de le dépouiller complètement de son étiquette délictueuse, ou, en d'autres termes plus explicites, de le retrancher expressément de la législation pénale.

Est-ce qu'en matière de vol, par exemple, voire même en matière d'abus de confiance, le désistement du plaignant, de la partie lésée, ou le désintéressement partiel ou intégral de la victime par le délinquant exerce une influence quelconque sur l'action publique et entrave la marche des poursuites excercées à l'encontre du délinquant ?

Pourquoi n'en est-il pas de même en ce qui concerne le délit d'adultère ?

C'est que, tout en soumettant ce délit à l'exercice de

l'action publique, le législateur le considère comme une infraction d'une nature spéciale et n'entend nullement l'assimiler aux autres infractions réprimées par le Code pénal. N'y a-t-il pas là une contradiction flagrante, ou tout au moins une fâcheuse anomalie, qu'il importerait de faire disparaître ?

En l'état actuel de la législation, l'adultère est donc, à tort ou à raison, considéré comme une infraction à la loi pénale. Mais le législateur a cru devoir faire en cette matière une distinction précise, au point de vue de la *répression* et de la *pénalité* entre l'adultère commis par le mari et l'adultère commis par la femme. Au point de vue de la répression, la loi décide que l'adultère du mari n'est délictueux et partant punissable qu'en cas seulement d'entretien par le mari d'une concubine au domicile conjugal. Il en est autrement de l'adultère de la femme, à l'égard de laquelle le législateur se montre, à ce point de vue, beaucoup plus rigoureux. En ce qui concerne la pénalité, la loi distingue encore, suivant qu'il s'agit de l'adultère du mari ou de la femme. A ce point de vue également, la femme et son complice sont beaucoup plus sévèrement châtiés que le mari.

Il en est ainsi, non seulement en ce qui concerne le délit d'adultère, mais en ce qui touche le meurtre commis par l'époux sur son épouse et sur son complice au moment où il les surprend en flagrant délit, dans la maison conjugale.

L'article 324, paragraphe 2, du Code pénal, déclare ce meurtre excusable et reste muet en ce qui concerne le meurtre commis par la femme sur son mari qu'elle surprend, également au domicile conjugal, en conversation criminelle avec une concubine.

Le second paragraphe de l'article 324 du Code pénal ne s'applique qu'au mari, à l'exclusion absolue de la femme, qui ne peut donc bénéficier, en pareil cas, des dispositions bienveillantes de la loi. Il va sans dire qu'il en serait de même, *a fortiori*, dans le cas où le meurtre serait commis par la femme sur son mari, au moment où elle le surprendrait, « in rebus Veneris », *en dehors du domicile conjugal*, l'adultère du mari, en pareille occurrence, n'étant même point punissable.

Il est vrai que parfois le Jury, qui n'est pas lié par le Code, supplée au silence de la loi pénale en pareille matière, et, classant le meurtre commis par la femme sur le mari adultère dans la catégorie des crimes passionnels, renu à son profit un verdict d'acquittement.

Cette distinction ne révèle-t-elle pas l'influence exercée sur l'esprit du législateur de 1810 par les législations antérieures si dures, si draconiennes, si partiales envers la femme, cette impuissante ? N'est-ce pas plutôt, en dépit des motifs allégués pour expliquer une aussi flagrante inégalité, la preuve ou tout au moins l'indice certain, indéniable, des idées et des tendances antiféministes, professées par les jurisconsultes qui élaborèrent notre Code pénal ? Tout en protestant de notre respect pour les lois qui nous régissent et de notre volonté d'en assurer la stricte exécution, tant qu'elles ne sont pas abrogées, nous estimons néanmoins que les raisons invoquées pour tenter de légitimer cette distinction et l'argument tiré notamment de la gravité toute particulière des conséquences de l'adultère de la femme, ne suffisent point, par eux-mêmes, pour justifier, d'une façon absolue, la différence caractérisée du régime auquel sont soumis, au point de vue pénal, le mari et la femme qui se rendent coupables du délit d'adultère.

Nous estimons qu'en pareille matière, il devrait y avoir réciprocité au point de vue de la nature délictueuse de la violation des obligations conjugales, et qu'à ce point de vue, tout au moins, les époux devraient être égaux devant la loi. Pourquoi, en effet, ne pas reconnaître à la femme le droit de dénoncer, *en tout état de cause*, le mari adultère, et de provoquer des poursuites à son encontre. L'adultère commis par le mari en dehors du domicile conjugal, diffère-t-il de celui que commet la femme, dans les mêmes conditions ? N'y a-t-il pas au contraire, entre ces deux actes immoraux, une identité absolue ? N'est-il pas, dans l'un comme dans l'autre cas, la violation formelle des dispositions de l'article 212 du Code civil, aux termes duquel les époux se doivent mutuellement fidélité ? Dès lors, pourquoi ne pas appliquer à ces deux cas identiques les mêmes règles, les mêmes principes ?

Nous comprendrions fort bien qu'en appliquât au mari, qui entretient une concubine au domicile conjugal, une peine plus sévère qu'à l'époux qui commet le délit d'adultère exceptionnellement et en dehors de la maison familiale, parce que, dans le premier cas, l'adultère revêt, en raison des circonstances spéciales du lieu où il se produit, un caractère de gravité tout particulier ; mais ce que nous ne pouvons admettre et ce qui nous paraît contraire aux principes de justice et d'équité, c'est que le législateur ait cru devoir, sciemment, rendre indemne le mari coupable d'adultère, hors le cas d'entretien d'une concubine au domicile conjugal. Nous estimons que l'époux qui viole ainsi sans pudeur et à l'abri du Code, les engagements par lui contractés librement et solennellement vis-à-vis de l'épouse, n'est ni plus intéressant ni plus digne d'indulgence, aux yeux de la loi, que la femme qui se rend coupable de la même violation, de la même forfaiture.

Au point de vue des pénalités, nous avons dit précédemment que le législateur se montre, à l'égard de l'épouse convaincue du délit d'adultère, alors même que ce délit n'aurait été commis par elle qu'une seule fois, beaucoup plus sévère qu'à l'égard du mari qui *entretient* une concubine au domicile conjugal, c'est-à-dire qui a un commerce suivi et habituel avec une femme dans la maison commune. À cet égard encore, n'y a-t-il pas entre les époux coupables d'adultère une inégalité choquante, quoique motivée dans une certaine mesure, nous le reconnaissons volontiers, par le danger des conséquences pouvant résulter de l'inconduite de la femme et dont la principale est l'introduction éventuelle dans la famille, d'un étranger, d'un enfant adultérin ? Il est vrai que, dans la pratique, les Tribunaux correctionnels se gardent bien d'appliquer strictement et rigoureusement à la femme convaincue d'adultère, les dispositions draconiennes de la loi et se bornent le plus souvent à prononcer une simple peine pécuniaire à l'encontre de la délinquante et de son complice ; mais il n'en est pas moins constant qu'il y a entre les pénalités édictées par le législateur contre le mari et la femme coupables du délit d'adultère, une disproportion excessive, exagérée, et que les magistrats *peuvent* juridiquement, légalement, faire à la femme poursuivie de ce chef, une rigoureuse application de la loi, en usant librement du droit que leur confère à ce sujet l'article 337 du Code pénal.

Loin de nous la pensée d'excuser les écarts de conduite de l'épouse adultère, mais ne conviendrait-il point de ne pas faire peser aussi lourdement sur elle le fardeau de la peine par elle encourue et de faire aux époux parjures une plus saine, une plus équitable appréciation des responsabilités respectives qui leur incombent ?

Au reste, nous estimons qu'en l'état actuel des mœurs, le délit d'adultère n'a plus qu'une valeur quasi nominale et qu'en raison de l'inefficacité des poursuites de plus en plus rares dont elle est l'objet, cette infraction est destinée fatalement à disparaître avant qu'il soit longtemps, de notre législation pénale.

En matière pénale, en effet, pour justifier l'opportunité et l'utilité des poursuites, ne faut-il pas, tout d'abord, que la répression soit exemplaire et efficace ? Eh ! bien, en est-il ainsi en matière d'adultère ? Evidemment non. L'on ne pourrait sérieusement soutenir l'affirmative. Il suffit pour s'en convaincre, d'assister aux débats d'une affaire de cette nature, et d'observer attentivement l'attitude des prévenus et celle du public. Un sourire narquois, égrillard, se dessine sur la plupart des physionomies au moment où les inculpés peu repentants, satisfaits d'eux-mêmes, comparaissent devant le Tribunal, qui, faisant droit aux réquisitions *modérées* du Ministère public, condamne comme à regret, à une modique amende, les coupables qui se retirent parmi la foule indifférente ou ironique en se disant sans doute, « in petto », comme dans la chanson bien connue : « La pénitence est douce, nous recommencerons ! »

# DE L'EXCUSE LÉGALE

Au termes du paragraphe 2 de l'article 324 du Code
pénal, dans le cas d'adultère prévu par l'article 326 du
même Code, le meurtre commis par l'époux sur son
épouse, ainsi que sur le complice à l'instant où il les
surprend en *flagrant délit dans la maison conjugale*, est
excusable, c'est-à-dire que la peine de mort, ou celle des
travaux forcés à perpétuité, prévue par les articles 302 et
suivants du Code pénal, doit être réduite en pareil cas, à
une peine d'emprisonnement, à une simple peine correctionnelle.

Le législateur de 1810 a cru devoir distinguer entre le
meurtre commis par l'époux sur la personne de l'épouse
adultère et sur celle de son complice, et le meurtre
commis par l'épouse sur la personne du mari surpris par
elle « *in rebus ipsis reneris* », au domicile conjugal. Cela
ne résulte pas, il est vrai, d'une façon expresse, du texte
même de l'article 324 *in fine*, mais pour être tacite, cette
distinction n'en est pas moins réelle et certaine.

Il s'ensuit qu'étant donné des circonstances identiques,

seul, l'époux qui surprend sa femme en flagrant délit d'adultère et qui la tue, est apte à bénéficier de l'excuse légale prévue par le paragraphe 2 de l'article 324 du Code pénal. C'est un privilège qui lui est octroyé formellement, à l'exclusion de la femme commettant un meurtre sur la personne de son mari qu'elle surprend également, en flagrant délit d'adultère, dans la maison conjugale.

Dès lors, deux questions se posent, auxquelles il importe à notre avis, de répondre sans ambages, au nom de l'équité et de la logique.

Cette distinction faite par le législateur et consacrée, au moins tacitement, par la législation pénale, est-elle juste et conforme aux principes généreux, égalitaires, qui régissent actuellement nos mœurs et nos lois ? N'y a-t-il point là une inégalité choquante, injustifiable, au profit du mari et au détriment de la femme dont la situation, en pareil cas, est tout à fait identique et non moins intéressante ?

D'autre part, cette distinction n'est-elle pas aujourd'hui désuète, surannée, et ne doit-elle pas *logiquement* disparaître comme l'une des conséquences de la loi sur le divorce, qui rend aux époux la liberté dont l'indissolubilité du mariage les privait antérieurement ?

Nous estimons que ce privilège octroyé au mari, par le législateur, est en contradiction formelle avec les principes de justice et d'équité qui font la base de notre législation moderne. Nous ne pouvons admettre, théoriquement, la thèse préconisée et consacrée par le Code pénal, en matière d'adultère. Nous estimons, en effet, comme nous l'avons déclaré, d'une façon expresse, au cours d'une étude précédente (1), que le délit d'adultère commis par le mari, ne diffère pas de celui que commet la femme, quelles que soient les circonstances particulières dans lesquelles ce délit est commis, et qu'en pareille matière il devrait y avoir *réciprocité*, au point de vue pénal. Or, dans l'hypothèse prévue par l'article 324, paragraphe 2 du Code pénal, il s'agit de l'adultère commis par l'épouse, *au domicile conjugal*, c'est-à-dire dans des conditions particulières de *lieu*.

Dès lors, pourquoi la femme qui surprend son mari, en flagrant délit d'adultère, dans les mêmes circonstances de lieu, et qui le tue, lui ou sa complice, ne bénéficie-t-elle pas de l'immunité partielle dont jouit l'époux qui commet un meurtre dans de semblables circonstances ? La situation n'est-t-elle pas identiquement la même dans les les deux cas ?

Au point de vue psychologique et humain, l'épouse qui surprend son mari, *in rebus veneris*, au domicile conjugal, et qui, sous l'empire d'une irrésistible émotion, commet un meurtre, n'est-elle pas en proie aux mêmes tortures

_______________

(1) La suppression du délit d'adultère.

morales que l'époux en pareille occurrence ? N'est-elle pas accessible, tout comme le mari outragé, à la colère, à la jalousie, à la passion, à la vengeance, et si, ne se possédant plus et cédant tout à coup, à l'un de ces senti- ments poussés au paroxysme, elle commet un meurtre, n'est-elle pas aussi *excusable* que le mari qui s'érige soudain en justicier ? [1].

Par conséquent, ne devrait-elle pas, pénalement, être soumise au même régime de faveur que l'époux coupable de meurtre, dans les circonstances prévues par l'articte 324, paragraphe 2 du Code pénal ? [2].

Au surplus, l'excuse légale dont il s'agit, ne constitue- t-elle pas, *en fait*, sinon une prime au meurtre, tout au moins, une sorte d'encouragement *involontaire* mais réel, accordé par le législateur bénévole, au mari outragé qui, pour « venger son honneur », n'hésite pas à se faire justice lui-même, protégé d'avance par la loi qui le déclare excu- sable *de plano* et abstraction faite des circonstances parti- culières dans lesquelles le meurtre a été commis ?

La loi ne distingue pas, suivant les circonstances spéciales qui sont ou peuvent être de nature à militer en faveur de l'épouse adultère, à _excuser sa conduite, à atténuer dans une certaine mesure, sa culpabilité morale.

---

(1) Voir en ce sens, Faustin Hélie, *Théorie du Code pénal*, art. 324, n° 1472.

(2) Le Code pénal belge a étendu l'excuse aux deux époux.

Elle décide *qu'en tout état de cause*, et d'une façon absolue, dans le cas d'adultère de la femme au domicile conjugal, le meurtre commis par l'époux sur son épouse est excusable. A ce point de vue, l'excuse légale de l'article 324 du Code pénal, nous paraît être en contradiction flagrante avec nos mœurs et nos idées humanitaires.

La théorie préconisée autrefois, avec une apparence de raison, avant la promulgation de la loi sur le divorce, par l'illustre auteur de *La Femme de Claude*, est une théorie brutale, barbare, toute *d'exception*, que nous réprouvons formellement, et qui, d'ailleurs, tombe d'elle-même dans l'état actuel de notre législation !

En admettant dans certains cas et, notamment, dans le cas d'adultère commis par l'un des époux, la dissolution du mariage par le divorce, le législateur moderne, plus humain et mieux inspiré que celui de 1810, a virtuellement abrogé les dispositions du paragraphe 2 de l'article 324 du Code pénal et a rendu anormale, inadmissible même, l'excuse légale édictée par ce texte.

Pourquoi en effet recourir au meurtre, en cas de flagrant délit d'adultère, puisqu'il suffit actuellement à l'époux outragé, pour obtenir le divorce et partant la dissolution du mariage, de faire constater légalement l'adultère commis par son conjoint ? Que si, dans ces conditions, le mari qui surprend sa femme en conversation criminelle, s'érige en meurtrier, il ne poursuit plus qu'un but, assouvir brutalement sa vengeance ou sa haine en s'arrogeant, sans droit, la qualité de *justicier*. Dès lors, le législateur peut-il *excuser* un tel acte, sans porter gravement atteinte aux principes qui régissent notre Société moderne ?

Nous ne le croyons pas et nous estimons qu'un homicide volontaire commis dans de telles conditions, *par l'un ou l'autre des époux*, devrait être déclaré *juridiquement inexcusable*, parce que cet acte est non seulement inhumain, antisocial, mais en outre, absolument *inutile*, le principe de l'indissolubilité du mariage civil ayant disparu et le lien légal qui unit les conjoints pouvant être rompu, conformément à la loi, par la juridiction compétente.

Au reste, il importe de réprimer énergiquement le meurtre, d'où qu'il vienne, et quelle qu'en soit la nature. Il est urgent de mettre un terme à ces trop nombreux attentats qui, sous la fallacieuse étiquette de *crimes passionnels*, font échec à la civilisation au profit de la barbarie, en permettant à l'homme ou à la femme, voire aux époux, de disposer brutalement et sans droit de la vie d'autrui !

Nous pensons, en définitive, qu'il appartient au législateur de réagir promptement, par tous les moyens dont il dispose, contre de pareilles mœurs, incompatibles avec nos idées sociales, et de supprimer, tout d'abord, l'excuse légale prévue par l'article **324**, paragraphe **2**, du Code pénal.

# LE JURY ET LES CRIMES PASSIONNELS

Il faut avouer que l'on abuse singulièrement de ce terme générique dont l'application, le plus souvent injustifiée, inopportune, tend à se généraliser d'une façon excessive, inquiétante même, et il importe à notre avis, de réagir sérieusement, à l'aide de moyens efficaces, contre cette tendance qui a pour effet de substituer à l'exercice de l'action publique et à la répression légale, impersonnelle, désintéressée, un acte barbare, qui révèle le plus souvent chez son auteur, le désir absolu, impérieux, de satisfaire sa vengeance égoïste, farouche, d'assouvir brutalement sa colère, sous prétexte de réprimer sur le champ, avec une rigueur exemplaire, toute atteinte à l'honneur conjugal, tout manquement à la foi jurée, voire même parfois, un fait d'une moindre gravité dont la passion, surexcitée par la jalousie, exagère la portée ou les conséquences.

On en arrive ainsi à s'ériger pompeusement en justicier et l'on ne craint pas, pour atteindre plus sûrement son but, de recourir aux procédés les plus violents, aux moyens les plus cruels, de commettre lâchement, impla-

cablement, avec parfois, un raffinement de joie, une
approbation tacite de la conscience, une intime conviction
du devoir accompli, ces meurtres atroces que l'on classe
avec une singulière désinvolture dans la catégorie des
crimes dits *passionnels*.

Pour se convaincre de la réalité et de la gravité de ce
déplorable état de choses, et pour se documenter sur la
nature et la variété des procédés employés en pareille
circonstance par les trop nombreux justiciers des deux
sexes, dans les diverses classes sociales, il suffit de jeter
un simple coup d'œil sur les « faits divers » des grands
journaux parisiens. On est immédiatement édifié à ce
sujet et l'on constate que le nombre de ces crimes « *sui
generis* » augmente dans d'inquiétantes proportions. Les
drames du revolver, notamment, sont fort nombreux et se
multiplient de plus en plus, grâce, il faut bien le reconnaître, à la coupable faiblesse, on pourrait presque dire, à
la complicité du jury qui n'hésite pas, dans la plupart des
cas, à absoudre les coupables ou tout au moins à leur
accorder, dans la plus large mesure, le bénéfice des
circonstances atténuantes, obligeant ainsi les magistrats
d'assises, sinon à rendre, au profit des accusés, un verdict
d'acquittement, du moins à prononcer contre eux une
peine dérisoire et, en tous cas, disproportionnée avec la
gravité ou l'horreur du crime dont il s'agit.

Nous réprouvons avec énergie la théorie barbare, primitive, qui consiste à légitimer le meurtre ou l'assassinat, sous prétexte que l'amour en a été la cause occasionnelle, et que la passion exacerbée par la jalousie, ou par le désespoir, a soudain armé le bras du meurtrier de l'un ou de l'autre sexe. Nous n'admettons pas plus le « tue-le » que le « tue-la » et nous estimons qu'aucun argument ne peut justifier une telle doctrine, en contradiction formelle avec nos mœurs actuelles et avec les principes qui dominent notre civilisation moderne. Nul ne peut ni ne doit, quel que soit le mobile ou les griefs qu'il invoque et quelles que soient les circonstances où il se trouve placé, disposer de la vie de son semblable et s'arroger, de son autorité privée, le droit de donner la mort à autrui.

Ce droit n'appartient et ne doit appartenir qu'à la société et l'exercice de ce droit constitue l'une de ses principales prérogatives.

Mais la société à qui appartient exclusivement ce droit dont elle délègue l'exercice aux magistrats, ses mandataires légitimes, n'a-t-elle pas aussi le devoir imprescriptible de protéger tous ses membres, non seulement contre les dangers matériels qui les menacent, mais aussi et surtout contre les risques moraux auxquels ils peuvent être en butte de la part de certains d'entre eux, contre les turpitudes auxquelles les expose parfois la vie sociale, en dépit même des précautions dont ils s'entourent ? La société n'a-t-elle pas le devoir absolu, infrangible, d'assurer, de garantir par les moyens légaux dont elle dispose, la sécurité morale des individus qui la composent, à quelque sexe qu'ils appartiennent ? Et ne pourrait-on soutenir que la femme, eu égard à la nature même de son sexe qui fait d'elle un objet constant de convoitise pour l'homme et la livre parfois, sans défense, à sa merci, a droit tout particulièrement à sa bienveillante protection ? Eh bien ! en est-il réellement ainsi dans l'état actuel de nos mœurs et de notre législation ? Hélas ! non. Nous sommes obligés de le reconnaître, et c'est là, selon nous, l'une des principales causes du mal que nous venons de signaler et auquel nous estimons qu'il importe de remédier le plus promptement possible.

Certes, il faut bien l'avouer, l'inertie dont fait preuve souvent le jury dans les affaires de cette nature, où c'est la femme qui est accusée, n'a pas d'autre cause que l'abandon peu généreux dont celle-ci est l'objet de la part de la société, au point de vue qui nous occupe. C'est parce que la société ou plutôt le législateur, n'accorde pas à la femme sans cesse exposée aux embûches amoureuses, aux manœuvres infâmes, aux tentatives de séduction de l'homme, les garanties et les moyens de défense nécessaires et auxquels elle a droit, que le plus souvent le jury, s'apitoyant sur le déplorable sort de l'accusée, devenue criminelle par affolement ou par désespoir, prend fait et cause pour elle contre la Loi imparfaite, insuffisante, et contre la société partiale, qui manque à son devoir en ne protégeant pas, comme il convient, la femme désarmée, impuissante, contre les inqualifiables agissements d'un séducteur sans scrupule, d'autant plus dangereux qu'il est assuré de l'impunité légale et qu'il peut, sans courir aucun risque, sans assumer aucune responsabilité effective, atteindre, sans vergogne, le but odieux qu'il se propose.

Loin de nous la pensée d'essayer de légitimer le crime commis par la femme sur la personne de son séducteur, même lorsque celui-ci, abusant des moyens dont il dispose, n'a pas craint de l'abandonner lâchement, après l'avoir rendue mère, ou tout au moins après avoir assouvi pleinement sa passion, mais les sentiments de justice et d'humanité qui nous pénètrent intimement, nous obligent à reconnaître qu'il est des cas où le crime nous paraît bien excusable, et nous comprenons, *sans toutefois l'admettre*, la généreuse pitié du jury pour la femme, coupable certes aux yeux de la loi, mais parfois si digne d'intérêt et de clémence, en dépit de l'acte criminel qu'elle a commis dans un moment d'aberration ou de désemparement.

# LA PUBLICITÉ DES EXÉCUTIONS CAPITALES

Après de longs débats parlementaires, nos législateurs ont voté le maintien de la peine de mort. Il convient, en conséquence, de se demander s'il n'y aurait pas lieu de modifier les conditions d'exécution de la peine capitale, en ce qui concerne la publicité. Cette question a été déjà examinée et a fait l'objet de nombreuses discussions, mais elle est encore pendante, et il importe de la trancher d'urgence, d'une façon définitive. En l'état actuel de la législation, conformément aux dispositions de l'article 26 du Code pénal, l'exécution des condamnés à mort est publique. Convient-il de maintenir le *statu quo* ou de décider que, désormais, les exécutions capitales auront lieu, sinon à huis-clos, du moins à l'intérieur des prisons, et non plus en présence du public, mais devant les seules personnes qualifiées pour assister à cette lugubre cérémonie. Il s'agit, tout d'abord, de savoir si la publicité rend *exemplaires* les exécutions capitales. Poser cette question, je crois que c'est la résoudre par la négative, au moins en ce qui concerne les exécutions qui ont lieu à Paris et dans les grandes villes de France.

En effet, nul n'ignore de quels éléments hétéroclites se compose le public qui assiste habituellement à cet impressionnant spectacle. Outre les curieux et les dilettantes désireux de voir comment cela se passe, comment on fait tomber une tête, et de se rendre compte, *de visu*, de la façon dont le condamné à mort affronte la guillotine, il y a des filles de joie, en rupture de trottoir, flanquées de leurs souteneurs ; des apaches, des chevaliers du surin, des malandrins de tout acabit, qui viennent, avec une cynique arrogance, l'air gouailleur, voir fonctionner la « Veuve », en attendant le jour, peut-être prochain, qui sait ? où ils seront eux-mêmes les tristes et *pâles* héros de cette sombre cérémonie. Il y a aussi des hystériques et des détraquées en quête de sensations malsaines, encore inéprouvées, attendant avec une fébrile émotion, une nerveuse impatience, le moment psychologique où le couperet s'abattra lourdement sur la nuque du condamné et où un flot de pourpre jaillira soudain, tandis qu'une tête humaine, roulera, livide, exsangue, dans le panier destiné à la recueillir. Il y a enfin les fonctionnaires et les magistrats dont la présence est obligatoire et qui, pour la plupart, n'assistent à ce lugubre spectacle qu'à leur corps défendant et le cœur angoissé. Et, tandis que se déroule publiquement ce drame tragique, c'est, entre les spectateurs, un échange continu de plaisanteries macabres, de lazzis et de quolibets saugrenus ou ignobles, de provocations et de fanfaronnes rodomontades.

Quant à la partie saine et honnête de la population, elle s'abstient de se mêler à cette tourbe bruyante ; elle brille par son absence.

Peut-on, dans ces conditions, soutenir sérieusement que la publicité d'une exécution capitale constitue un salutaire exemple pour ceux qui y assistent librement ? Evidemment non. J'en appelle aux personnes intelligentes et sans parti pris qui ont été les témoins de ce sanglant spectacle. Toutes, j'en suis convaincu, ont été écœurées du cynisme et de l'impudeur du public composite, de la *galerie* hétérogène devant qui a officié l'exécuteur des hautes œuvres.

La publicité des exécutions capitales constitue-t-elle une *aggravation de peine* à l'égard du condamné, en l'exposant aux regards du public au moment suprême où il gravit les marches de l'échafaud et en proclamant ainsi son infâmie, d'une façon notoire, *coram populo* ? Je ne le crois pas. En effet, le plus souvent, le condamné est dans un tel état de prostration qu'il ne se rend même pas compte de ce qui se passe autour de lui et de la honte qui rejaillit sur sa personne ; mais il arrive aussi que le criminel, parfaitement maître de lui, infatué de lui-même et de son forfait, brave effrontément les regards curieux du public, en se dirigeant d'un pas ferme vers la guillotine qui s'érige là-bas, pour lui, comme un piédestal, où il semble fier de monter pour mieux dominér la foule et comme pour la remercier d'avoir bien voulu assister à cette dramatique *représentation* dans laquelle il joue le principal rôle, avec une cabotinesque désinvolture. Celui-là et ses pareils sont, croyez-le bien, partisans de la publicité des exécutions capitales, parce que, loin de les humilier, cette publicité malsaine rehausse leur prestige et leur procure cette suprême satisfaction de *poser* encore une fois devant la galerie qui les observe et les applaudit !

Puisqu'il en est ainsi, j'estime qu'il importe de décider qu'à l'avenir, les exécutions capitales, lorsqu'elles seront jugées nécessaires, auront lieu solennellement, à l'intérieur des prisons, en présence des seules personnes qualifiées pour y assister, et à l'abri de la curiosité malsaine d'un public abject dont l'attitude révoltante écœure les esprits sains et les honnêtes gens.

« Qu'on supprime la publicité des exécutions capitales » disait naguère le publiciste Jacques Dhur, « c'est dans l'ombre des cours de prison que le bourreau doit faire jouer le déclic de son couperet, dans cette sombre cour de prison où, mieux que partout ailleurs, on pourrait inscrire l'épitaphe de Jean Valjean : « L'herbe cache et la pluie efface ».

*<br>* *

Cette étude a été écrite avant la quadruple exécution capitale qui a eu lieu à Béthune et au cours de laquelle le public très nombreux s'est livré à des manifestations scandaleuses. Nous ne saurions donc trop insister pour que le pouvoir législatif, justement ému de ce scandaleux spectacle, indigne d'une nation civilisée, prescrive d'urgence les mesures nécessaires, afin de mettre le plus tôt possible un terme à ces déplorables scènes,

# L'AMOUR ET LE CODE

Aux termes de l'article 212 du Code civil, « les époux se doivent mutuellement fidélité, secours et assistance ». — M. Paul Hervieu, le célèbre auteur des *Tenailles* et de la *Loi de l'Homme*, a proposé, en sa qualité de membre de la Commission de réforme du mariage, d'ajouter à ce texte, le mot *amour*. Cette proposition aussi originale qu'imprévue, a été, et cela se conçoit, l'objet de nombreux commentaires de la part des publicistes et des jurisconsultes. « La majorité des auteurs » a protesté contre cette spirituelle innovation que l'on qualifiait généralement d'utopie. Des plaisantins et des revuistes légers ont raillé le prestigieux dramaturge et se sont plu à faire des gorges chaudes au sujet de sa proposition qu'ils considéraient comme funambulesque.

Loin de moi la pensée de suivre l'exemple de ces tabarins de la plume. J'admire trop le talent et le caractère de M. Paul Hervieu, pour traiter légèrement, et avec un ironique dédain, un sujet aussi grave, en dépit de sa souriante et gauloise apparence. Je me plais au contraire à rendre hommage à la pensée hautement généreuse de l'éminent écrivain et j'applaudis, sans réserve, à sa noble initiative ; mais je me permets de formuler ici, très modestement, quelques observations que la proposition de M. Paul Hervieu m'a suggérées.

Et d'abord, que faut-il entendre par le mot amour, tel que le concevait le spirituel académicien ? S'agit-il de l'amour psychologique, sentimental ? S'agit-il de l'affection réciproque qui doit cimenter l'union conjugale ? Ou bien s'agit-il de l'attrait physique, sensuel qui rapproche le mari et la femme en vue de la procréation ou, en d'autres termes, de ce qu'on appelle ordinairement le *devoir conjugal* qui s'impose à chacun des époux ? Cela peut prêter à l'équivoque et l'interprétation de ce vocable imprécis peut donner lieu à de nombreuses controverses. Il ne suffirait donc pas d'insérer dans le Code, au chapitre du mariage, le mot *amour*, trop vague, trop complexe quant à ses diverses acceptions, et il importe tout d'abord, de préciser nettement le sens exact de ce mot et sa portée juridique, si l'on veut l'introduire dans notre Code et lui donner, si je puis ainsi dire, droit de cité au point de vue légal.

Que si, par le mot amour, il faut entendre le sentiment plus ou moins vif qui naît dans le cœur des époux et qui se manifeste d'une façon purement morale, je ne comprends pas très bien l'introduction de ce mot au nombre des obligations réciproques incombant aux dits époux. En effet, ce sentiment qui, bien que ne présentant avec l'amour charnel, aucune incompatibilité, en diffère essentiellement, doit être absolument spontané et ne dépend pas de la volonté de chacun des conjoints ; il doit se manifester d'une façon toute naturelle, sans aucune contrainte. Ce sentiment ne peut donc, en raison même de son caractère essentiel, constituer une obligation légale ; il ne peut être imposé aux époux, par la loi, comme la fidélité par exemple ou l'obéissance qui constituent des devoirs dont l'observation dépend de leur volonté. La femme peut obéir ou désobéir à son mari, si bon lui semble, le mari peut être fidèle à sa femme ou la tromper, s'il le veut, mais on ne peut obliger l'un des époux à *aimer* l autre, c'est-à-dire à lui manifester un sentiment plus ou moins vif, s'il n'éprouve pas ce sentiment à l'égard de son conjoint ; c'est du domaine de la psychologie pure et l'on ne peut raisonnablement songer à faire de ce sentiment une obligation légale.

Faut-il entendre par le mot amour l'attrait physique, sensuel, qui aboutit fatalement à un rapprochement sexuel, entre les époux, et qui doit, normalement, avoir pour résultat de procréer, de fonder une famille ? Si, telle était, dans l'esprit de M. Paul Hervieu, la véritable acception du mot amour, au point de vue juridique, j'estime qu'il est inutile d'insérer ce mot dans le Code, car il y est tacitement mais implicitement contenu et l'adjonction de ce joli vocable serait purement décoratif et constituerait, à mon avis, une véritable superfétation. En effet, chacun sait que les époux sont tenus de remplir réciproquement le devoir conjugal, sous peine de contrevenir à l'une des obligations essentielles du mariage. Cela est si vrai que le fait par l'un des époux de ne pas remplir, *intentionnellement*, et sans raison plausible, cette obligation, peut constituer, au point de vue légal, une injure grave, un manquement caractérisé à ses devoirs et l'exposer à voir prononcer, de ce chef, le divorce à son encontre.

En l'état actuel du Code, et abstraction faite du mot *amour*, cher à M. Paul Hervieu, le législateur estime donc et les Tribunaux avec lui, que les époux sont obligés, indépendamment des sentiments qu'ils éprouvent l'un pour l'autre, de remplir ce qu'on a coutume d'appeler le devoir conjugal.

Quoi qu'il en soit, il faut louer M. Paul Hervieu, d'avoir eu le courage de plaider la cause de l'amour, au risque d'être en butte aux railleries faciles des sceptiques et des libertins, en ce temps d'utilitarisme où la *Question d'argent* dans le mariage est toujours en honneur, où les *Ventres dorés* s'étalent avec une cynique arrogance, à cette époque de positivisme pratique où les chasseurs de dots sont légion et où le culte du Veau d'Or voit s'accroître le nombre de ses adeptes.

Contrairement à l'opinion préconisée par l'illustre auteur de l'*Armature*, j'estime qu'il n'est pas nécessaire d'introduire l'amour dans notre Code ; mais d'accord avec cet écrivain, je souhaite vivement que ce prestigieux sentiment, trop rare, hélas ! mais toujours vivace au cœur de l'homme, reprenne sa place dans le mariage et parvienne à régénérer cette institution sociale.

# A PROPOS DE LA DÉPOPULATION

La dépopulation est toujours d'actualité et l'on s'efforce d'y remédier en proposant des mesures législatives dont l'efficacité me paraît douteuse.

Avant de chercher la solution de ce problème très complexe et éminemment intéressant au point de vue social, avant de légiférer sur cette importante matière, digne, à tous égards, de l'attention des esprits soucieux de l'avenir, il me semble qu'il ne serait pas inutile de rechercher et d'exposer, au moins sommairement, les diverses causes qui ont produit et produisent encore, à l'heure actuelle, ce déplorable état de choses dont les conséquences pourraient, si l'on n'y prenait garde, être si funestes à notre cher pays.

Et d'abord, — à tout seigneur, tout honneur, — je crois devoir signaler, en première ligne, le « Malthusianisme », néfaste théorie dont les adeptes se multiplient de jour en jour, et qui tend à devenir *classique*, en se propageant, de-ci de-là, d'une façon inquiétante.

Il n'est pas rare en effet, de rencontrer, dans certains

milieux sociaux, voire dans l'honnête et prude bourgeoisie, de jeunes époux qui déclarent, cyniquement, qu'ils ne veulent *procréer* à aucun prix et ne se font aucun scrupule, la fin justifiant à leurs yeux les moyens, d'employer à ce sujet les manœuvres frauduleuses les plus habiles, pour atteindre ce but négatif et antisocial.

On se dérobe, de plus en plus, aux obligations, et aux charges matrimoniales, sous les prétextes les plus fallacieux et les moins avouables. Avant même que le mariage soit physiquement consommé, l'on décide, d'un commun accord, et conformément à un plan préconçu, à une ligne de conduite nettement tracée, que l'on observera, strictement, et avec un zèle digne d'une meilleure cause, les prescriptions de Malthus, ou en d'autres termes plus explicites, que l'on s'efforcera « de ne point faire d'enfants », laissant ce soin aux prolétaires, *vulgum pecus !*...

Il en est, il est vrai, parmi ces « malthusiens », qui se montrent moins absolus, moins intransigeants, dans l'application de leur théorie, et qui consentent, comme à regret, à mettre au monde *un*, parfois *deux* rejetons ; mais, dès que ce but est atteint, ils s'empressent de modifier ces insolites errements qui ne tarderaient pas, si l'on n'y renonçait bien vite, à devenir intempestifs et tout à fait inopportuns !

Une autre cause de la dépopulation, c'est l'*avortement*, auquel ont recours, hélas ! tant de femmes et de filles-

mères qui obéissent à des mobiles très différents, pour
aboutir au même résultat : la suppression de l'enfant,
dont il importe de se débarrasser, coûte que coûte, au
risque même de compromettre sa propre existence.

Grâce à la criminelle complicité de ces professionnelles
de l'avortement que. par un ironique euphémisme, on
appelle des « faiseuses d'anges », infâmes empiriques dont
le lucre est l'unique objectif ; grâce aussi parfois, il faut
bien le dire, à la complaisance coupable de certains
docteurs plus ou moins scrupuleux ou besogneux, la
femme enceinte, mondaine, bourgeoise ou fille du peuple,
qu'inquiète, pour des motifs divers, la perspective d'une
maternité prochaine, n'hésite pas à employer, *in anima
vili*, des manœuvres abortives dont elle n'a, d'ailleurs,
que l'embarras du choix, et parvient ainsi, le plus souvent, à empêcher l'enfant, déjà conçu, de franchir le seuil
de la vie, suivant la loi de nature.

Mais ces deux causes ne sont malheureusement point
les seules. Il y en a d'autres encore qui, pour n'être pas
aussi flagrantes, aussi notoires, n'en existent pas moins
réellement et méritent d'être dénoncées à l'attention des
esprits que préoccupent à juste titre, les questions sociales.
Je veux parler de l'égoïsme inconscient, de l'indifférence
absolue que manifestent certains parents qui, après avoir
procréé, se désintéressent de leurs enfants, comme de
choses quelconques, sans valeur, et qui, désireux de

conserver toute leur liberté, de sauvegarder, à ce point de vue, en dépit d'une encombrante paternité, leurs précieuses prérogatives, ne craignent pas de les abandonner à des mercenaires, âpres au gain et, partant, inaccessibles aux questions sentimentales, parfois même, totalement dépourvus de sens moral, ou de scrupuleuse probité.

Qu'en résulte-t-il ! On le devine aisément. Ces pauvres enfants, privés des caresses maternelles et des soins matériels appropriés à leur existence, s'étiolent physiquement et moralement, se recroquevillent comme des plantes transportées en un milieu qui ne convient pas à leur frêle nature, dépérissent peu à peu et finissent souvent, hélas ! par succomber misérablement, en proie à une lente consomption ou à de cruelles maladies...

Je n'ai pas l'intention d'exposer ici, d'une façon précise et détaillée, les circonstances dans lesquelles se produisent tant de décès infantiles, surtout pendant le premier âge. Qu'il me suffise de mentionner, en passant, et d'une façon toute particulière, la déplorable habitude qu'ont aujourd'hui la plupart des mères, de confier leurs enfants nouveau-nés, à des nourrices, plus ou moins scrupuleuses qui, séduites surtout par l'appât du gain, n'hésitent pas à délaisser elles-mêmes leurs propres mioches, pour donner leur lait aux enfants d'autrui.

L'on sait les déplorables conséquences qui en résultent. Il arrive, dans la plupart des cas, que l'enfant de la nourrice, abandonné par sa mère, et confié à de pauvres gens, souvent honnêtes, mais presque toujours dénués du strict nécessaire, meurt, en définitive, faute de nourriture appropriée à son âge, et privé des soins que seule, la mère, appelée à d'autres fonctions, plus lucratives, était à même de lui prodiguer.

N'y a-t-il pas lieu de signaler enfin, comme l'une des causes de la dépopulation qui sévit actuellement en France, la dégénérescence physique, l'abâtardissement de notre race, jadis si robuste, si vigoureuse, résultant parfois du surmenage intellectuel, mais, le plus souvent, il faut bien l'avouer, de la corruption des mœurs s'étalant plus ou moins brutalement, dans les classes extrêmes de la société.

Cette décadence physiologique revêt diverses formes et se transmet héréditairement, de père en fils, comme une tare indélébile, pour aboutir, en dernière analyse, à un amoindrissement progressif des forces physiques, à un état pathologique anormal, à une inaptitude relative à procréer, voire même, à un état complet d'impuissance.

Que si, par exception, des enfants naissent dans des conditions physiologiques aussi défavorables et parviennent à vivre pendant un certain laps de temps, en dépit de l'impureté d'un sang à jamais vicié, dégénéré, ils ne tardent pas, quoiqu'on fasse, à végéter misérablement, en proie aux incurables affections héréditaires

et à disparaître enfin, sans profit pour la société et pour
la Patrie !....

Telles sont, à mon humble avis, sans toutefois prétendre que cette énumération soit limitative, quelques-unes
des causes principales de ce mal très sérieux qui, sous
l'étiquette de « Dépopulation », fait actuellement l'objet
de tant de discussions, de dissertations, de commentaires
et qui, si l'on n'y remédie promptement, pourrait bien,
avant qu'il soit longtemps, compromettre gravement
l'avenir de la France !

# LE NU FÉMININ ET L'ARTICLE 330 DU CODE PÉNAL

Le nu est encore à l'ordre du jour et l'on évoque tout naturellement, à ce propos, la prestigieuse époque où Phryné, l'une des plus jolies hétaïres d'Athènes, charmait les loisirs de Praxitèle et apparaissait en sa splendide nudité, devant le Tribunal des Héliastes où elle avait été traduite sous l'inculpation d'impiété. De charmants et suggestifs souvenirs classiques vous remontent à la mémoire et l'on se plait à se reporter par la pensée à ces temps lointains et révolus où d'élégantes courtisanes se promenaient, délicieuses péripatéticiennes, sans voiles, ou drapées d'un léger péplum, étalant au soleil, sous le ciel bleu de l'Hellade, leurs charmes troublants, aphrodisiaques, telle la Vénus Anadyomène. On songe à la merveilleuse Aphrodite de Pierre Louys, à l'exquise « Danseuse de Pompéï » de Madame Jean Bertheroy, et l'on a plaisir à relire ces pages ravissantes où le nu féminin est magnifié avec un artistique talent, une splendide munificence littéraire.

Aujourd'hui, le nu se manifeste partout, même au

théâtre, d'où il était scrupuleusement banni naguère. On
le contemple au Salon, où d'illustres peintres et sculp-
teurs, modernes Phidias, nouveaux Praxitèles, exposent
aux yeux des visiteurs et des artistes, les chairs nacrées
de leurs modèles dont l'alliciante vénusté attire tout
spécialement les regards. Phryné apparaît encore de
nouveau, figée en sa splendide nudité, devant l'Aréopage,
grâce au prestigieux talent du peintre Jérôme, et l'exquise
Aphrodite ressurgit sur la toile ou dans le marbre, en son
éclatante beauté, évoquant comme par magie, à nos yeux
fascinés, dans un lumineux décor, les formes idéales de
la Vénus antique, personnifiant la Femme. On l'admire
dans le livre où il se montre librement, dans de coquettes
et artistiques éditions, pour la plus grande joie des biblio-
philes et des artistes épris de la beauté féminine. Il apparaît aussi hélas ! avec une cynique impudeur, dans de
vulgaires journaux illustrés, où il s'étale, aguicheur, aux
yeux du public, pour le bonheur des libertins et des
potaches, à l'œil émerillonné, à la lippe sensuelle, en
quête d'érotiques spectacles, alléchés par ces affriolantes
gravures. On le rencontre encore dans des publications
pseudo-artistiques où la femme est représentée, d'après
nature, sans la moindre feuille de vigne, sous les aspects
les plus variés, en des poses lascives, telles de plantureuses ou maigrichonnes pensionnaires de maisons closes,
parées pour l'amour. Je passe sous silence les albums

et les photographies obscènes, pornographiques, qui se vendent clandestinement sous le manteau, et font la joie des érotomanes et des hystériques...

Le nu féminin se manifeste également dans les établissements parisiens où l'on s'amuse, sur la scène des grands cafés-concerts et des théâtricules, au « Little Palace », à l'Olympia. Qui ne connaît ou n'a tout au moins entendu parler du fameux bal des Quat'z-arts organisé par les étudiants et les rapins montmartrois ? Cela fait songer aux Saturnales, ce truculent cortège où de plantureuses et affriolantes ribaudes, de joyeuses commères en maillot ou *vêtues ?* de filets de soie, s'esbaudissent et se livrent à de folles extravagances, exhibant complaisamment aux regards concupiscents et égrillards des spectateurs, leur chair parfumée, maquillée, aphrodisiaque. L'apparition du nu sur la scène des petits théâtres et des cafés-concerts, voire dans certains restaurants parisiens, est plus récente. C'est un *salon* d'un nouveau genre, plus modern-style, où, en des tableaux vivants, la femme apparaît nue, vêtue tout uniment de sa chevelure et d'un cache-sexe, dans un décor artistique, approprié au caractère des personnages. Mais l'on ne s'en tient pas là et l'on ne se contente point de faire de l'art pur. Des industriels peu scrupuleux, affranchis des préjugés archaïques, organisent une mise en scène beaucoup plus cantharidée, où l'art fait place à l'obscène, voire au sadisme.

On se croirait revenu aux beaux jours de Lesbos et de Mytilène. Ces scènes suggestives ont fait l'objet des commentaires de la presse et ont ému le Parquet de la Seine qui a poursuivi en police correctionnelle, sous l'inculpation d'outrage public à la pudeur, les directeurs des music-halls où avaient eu lieu ces attrayantes exhibitions, ainsi que les odalisques peu farouches qui, sous prétexte d'art, avaient posé sans voiles, *coram populo*, et avaient joué un rôle plus ou moins actif au cours de ces spectacles... renouvelés des Grecs. Les échos du Palais de Justice ont alors retenti de piquantes controverses, de spirituelles discussions au sujet de la question du nu au théâtre. Au nom de la liberté de l'art sacro-saint, la défense a invoqué divers arguments en faveur de ces spectacles artistiques destinés surtout à inspirer le culte de la beauté féminine et à magnifier le charme physique de la Femme. Les magistrats saisis de cette cause peu banale, ont cru devoir, dans leurs jugements, établir nettement une distinction entre le nu artistique, parfaitement licite, et le nu obscène, pornographique, tombant sous le coup de la loi pénale, comme attentatoire aux bonnes mœurs et à la morale publique. Cette distinction, subtile en apparence, peut fort bien se soutenir, et semble à la réflexion, très rationnelle. On ne peut en effet assimiler, au point de vue pénal, le nu représenté par les femmes apparaissant sur la scène, immobiles, en des posés plas-

tiques, la physionomie impassible, telles de jolies statues
de marbre rose, qu'anime seul le regard bien vivant, et le
nu franchement obscène, mimé avec un talent pervers,
par des théâtreuses de bas étage qui se livrent sans
pudeur, sous les yeux d'un public alléché, à des scènes
d'un érotisme écœurant, soulignées par des gestes suggestifs, de voluptueux attouchements, d'aphrodisiaques caresses. Dans ce dernier cas, outre l'idée de lucre, de spé-
culation, l'intention d'exciter les passions malsaines,
brutales des spectateurs et de porter atteinte à la pudeur
ou à la morale publique, à l'aide d'une mise en scène
ultra-naturaliste, est manifeste, en dépit des protestations
intéressées des délinquants, industriels cyniques, qui
n'hésitent pas à ravaler la femme au rang de bétail de
maison-close, afin d'exploiter avec succès la sensualité
toujours en éveil de l'homme chez lequel on trouve
sans peine, sommeillant, l'animal-roi, le cher-ange, de
Monselet. Il n'en est évidemment pas de même en ce qui
concerne les « tableaux vivants » où le nu plastique, sans
être, j'en conviens, un spectacle édifiant, d'une incontestable moralité, n'a pourtant rien d'obscène et, partant,
n'est pas de nature à outrager la pudeur du public. Tel
n'est pas, semble-t-il, l'avis des membres de la Ligue
contre la licence des rues et aussi du Parquet de la Seine.
Voici en effet, comment s'exprimait, à ce propos, au cours
d'un spirituel réquisitoire, un magistrat de ce Parquet :

« La femme nue, disait-il, c'est au travers de l'épiderme, le reflet des sentiments du dedans et le réflexe des impressions du dehors. Pour le public, c'est le souvenir et le désir... Le nu est un article d'atelier ou d'alcôve. Hors de là, il est outrageant pour la morale publique. » M. Pierre Louys, l'auteur exquis d'*Aphrodite*, ne partage certainement pas cette opinion !

En attendant que le dernier mot soit dit au sujet de cette intéressante question, d'élégantes mondaines et demi-mondaines, *déshabillées* par Worth ou par Redfern, affrontent sans vergogne, les regards curieux, égrillards du sexe laid, et, semblant vouloir rééditer les modes capiteuses, ultra-décolletées du Directoire, évoquent le souvenir archaïque, mais non dénué de charme, des Merveilleuses et des Muscadines d'autrefois.

Qui sait? si cela continue, peut-être verrons-nous avant qu'il soit longtemps, les grandes courtisanes de Lutèce déambuler le long des boulevards, les pieds nus chaussés de cothurnes et le corps souple, voilé de gaze ou drapé d'un simple peplum, telles à Athènes, Laïs, Chrysis, Phryné et leurs amies se promenant sur l'Agora. Mais où est le ciel bleu de l'Attique ?

Note. — En ce qui concerne le nu au restaurant, le Tribunal correctionnel de la Seine a rendu le 1er décembre

1908, un jugement où toute une distinction apparaît
entre le nu obscène et le nu artistique, entre le nu total
et le nu partiel.

Après avoir formellement écarté l'excuse tirée de la
question d'art « dans une affaire où il ne peut être question que d'intérêts pécuniaires », et où le tenancier du
restaurant n'avait d'autre but, en spéculant sur les passions humaines, que d'attirer la clientèle à des dîners,
etc., le Tribunal décide « que le fait de se présenter en
public, à Paris, complètement nu, avec une simple cein-
ture de verroterie et un cache-sexe, ou tout le haut du corps
nu jusqu'aux hanches, est incontestablement de nature à
causer du scandale et à blesser la pudeur de ceux qui
auront ce spectacle sous les yeux ».

Il est certain qu'il ne s'agit pas, ici, du nu artistique et
que la question d'art n'a rien à voir en cette affaire purement commerciale.

Il ne s'agit pas non plus, comme l'a d'ailleurs déclaré
dans son jugement, le Tribunal de la Seine, du nu obscène,
les prévenues ne s'étant livrées qu'à des danses, poses
classiques, ne présentant aucun caractère d'obscénité ni
par les poses prises, ni par les gestes qui les accompa-
gnent. En l'espèce, le restaurateur poursuivi, n'avait
évidemment d'autre but que d'allécher la clientèle au
moyen de spectacles plus ou moins croustillants et de
spéculer sur les passions sensuelles des consommateurs.

C'est sans doute eu égard surtout à ce mobile peu noble, que le Tribunal de la Seine a estimé que les faits dont il s'agit ne devaient pas rester impunis et constituaient le délit prévu par l'article 330 du Code pénal. Ces faits étant d'ailleurs de nature à causer du scandale et à porter atteinte, sinon à la pudeur des spectateurs bénévoles, du moins à la morale publique en excitant, dans un lieu public, les passions sensuelles de ceux qui venaient assister à cette attrayante exhibition.

La Cour d'appel de Paris s'est montrée plus rigoureuse que le Tribunal correctionnel de la Seine qui, distinguant le nu artistique et le nu obscène, avait acquitté dans le premier cas et condamné dans le second. La chambre des appels correctionnels n'a pas admis cette distinction et a décidé que le nu constitue, *dans tous les cas,* une infraction à l'article 330 du Code pénal.

# ALGÉRIE

# FANTAISIE SUR LE BURNOUS

L'Algérie n'est pas seulement le pays du soleil, c'est aussi le pays du burnous. Chacun sait ce que signifie le mot burnous ou plus exactement beurnous ; nul n'ignore en quoi consiste ce vêtement souple et flottant dans lequel se drape majestueusement l'Arabe, à quelque rang social qu'il appartienne, depuis le Bachaga, le Caïd opulent, superbe, le riche mercanti, jusqu'au plus humble fellah, voire jusqu'au plus pitoyable des meskines. Mais il y a burnous et burnous, comme il y a fagot et fagot. Ce vêtement idéal, cher à tout bon musulman, diffère sinon par la forme, du moins par la couleur, et aussi par la nature de l'étoffe qui le constitue, suivant le genre du personnage auquel il appartient. Le burnous en drap fin, rouge et or du Cheik ou du Caïd, n'a de commun que le nom avec le tas de loques sordides, rapiécées, effilochées, qui couvre tant bien que mal le miséreux musulman accroupi au bord de la route et psalmodiant sous ses guenilles vermineuses, des versets coraniques. Le burnous classique, le prototype du burnous, celui que portent la plupart des

Arabes en Algérie. est tissé avec de la laine de mouton, ou avec du poil de chameau fraîchement lavé. Ce vêtement est d'un blanc crémeux, mais hélas ! cette blancheur immaculée ne tarde pas à se ternir, à se polluer d'infectes taches. Le burnous du prolétaire indigène offre le plus souvent un aspect lamentable et exhale une odeur « sui generis » où se mêlent des relents de couscous, de sueur et d'innommables sanies. C'est un réceptacle de microbes et d'animalcules parmi lesquels son Altesse le pou règne en maître et se prélasse avec une superbe désinvolture, en un milieu propice où la chair humaine dégage sans cesse une douce chaleur toute parfumée de senteurs pénétrantes.

Le burnous, tel le classique Maître Jacques, joue différents rôles et rend des services variés à la « gens togata » musulmane, Cela sert aux indigènes de pelisse, de mouchoir de poche, de sac de voyage, de panier aux provisions, voire même parfois de papier hygiénique, et c'est ce qui explique les multiples macules dont ce froc islamique est parsemé chez la plupart de ceux qui en sont revêtus.

Les malandrins indigènes l'utilisent aussi parfois pour emporter, en le dissimulant dans ses plis discrets, le produit plus ou moins copieux de leurs larcins et notamment les fruits qu'ils s'approprient subrepticement au préjudice des colons dont ils mettent la récolte en coupe réglée.

Ce sont les femmes qui confectionnent les burnous de leurs « seigneurs et maîtres ». Mais ce sont les hommes qui les brodent de soie blanche ou multicolore. L'Arabe est passé maître dans l'art si féminin de la broderie, et certains brodeurs de burnous sont de véritables virtuoses. Il faut les voir, au seuil de leurs petites échoppes, assis nu pieds, sur une natte d'alfa, manier l'aiguille avec une merveilleuse dextérité, tandis qu'à l'aide de leur orteil spatulé, ils tendent l'écheveau de soie miroitante destinée à enjoliver de festons variés et polychromes, la chaude houppelande étalée sur leurs genoux.

Rien n'est imposant comme la vision des pieux disciples du Prophète, gaînés de leur longue lévite de laine, debout, le visage impassible tourné vers l'Orient, et s'inclinant parfois jusqu'à terre, en invoquant le saint nom d'Allah, le très haut, le seul grand « Allah Akhbar ». C'est aux abords de certaines villes algériennes, le jour du marché arabe, que l'on peut voir dans son pittoresque réalisme, la tourbe bruyante, moutonnante, grouillante, des burnous « ondoyants et divers ». C'est là que l'on peut les observer à loisir et les croquer sur le vif, en de suggestifs instantanés cinématographiques ; c'est là en effet, dans ce cadre très original rehaussé d'une intense couleur locale, que s'agitent et se coudoient, en une confraternelle et démocratique promiscuité, avec des flottements et des remous, emmi une atmosphére saturée de relents de laine et de sueur humaine, d'innombrables burnous de tout acabit, gesticulant en plein air et découvrant parfois, cyniquement, des nudités crasseuses et velues que le soleil prestigieux dore d'une patine de bronze florentin.

# LA CONDITION SOCIALE DE LA FEMME MUSULMANE

## EN ALGÉRIE

Avant l'islamisme, la condition de la femme arabe était
des plus misérables, mais il en était autrement de celle de
la femme appartenant aux classes riches ou aisées. Parve-
nue à un certain niveau social, la femme arabe jouait
même parfois un rôle important. Les poètes célébraient sa
beauté. L'amour revêtait, dans les poèmes, un caractère
sentimental qui ressemblait au platonisme poétique de
notre moyen-âgeuse chevalerie.

On cite, à cette époque, un grand nombre de femmes
célèbres pour leur beauté, leur intelligence et leurs talents
divers. Elles recevaient une éducation appropriée à leur
condition sociale. Certaines d'entre elles évoquent le
souvenir des grandes romaines.

Le Prophète Mohamed améliora, en la modifiant, la
condition de la femme dont il réglementa les droits et les
devoirs. Il professait pour la femme une affectueuse prédi-
lection et il s'efforça de lui témoigner sa sollicitude en

déterminant, d'une façon précise, sa situation légale.
C'était un féministe convaincu, et il fit en sorte de réaliser
ses aspirations, de mettre ses nobles et généreuses idées
en pratique. Il voulut faire de la femme, non plus une
esclave asservie aux caprices et aux brutalités de l'homme,
mais une épouse attachée à son foyer et s'occupant exclusivement des soins du ménage. Il lui reconnut, en outre,
le droit de posséder et d'administrer ses propres biens à
l'exclusion du mari dont les intérêts matériels furent, dès
lors, distincts de ceux de la femme. Il entendait ainsi
rehausser la personnalité féminine.

Mais les prescriptions du Prophète ne furent malheureusement pas observées par ses adeptes, et actuellement,
la condition sociale de la femme musulmane est, en fait,
inférieure et des plus précaires.

Séquestrée dès l'âge de dix ans dans le domicile paternel,
cloîtrée plus tard dans le domicile conjugal, confinée seule
ou en compagnie de ses coépouses, dans le gynécée, elle
végète en l'étroite monotonie d'une existence routinière,
servile, et quasi-machinale ; ses fonctions multiples sont
purement domestiques ; elle s'occupe plus ou moins acti-
vement de son intérieur, et c'est à elle qu'incombent les
soins souvent pénibles du ménage.

L'entretien matériel des enfants est également son lot,
et sa tâche, pour n'être pas élevée, n'en est pas moins
souvent très lourde. Dans le gourbi ou sous la tente, c'est

elle qui moud le grain, pétrit la galette, fait cuire les aliments, trait le lait des chèvres ou des vaches, file la laine, tisse le burnous de son « seigneur et maître », cependant que celui-ci, jouissant d'une liberté absolue, se livre parfois, sans vergogne, à un doux farniente, fréquente les cafés maures ou s'occupe exclusivement des travaux d'aiguille ou de la culture assez rudimentaire des champs. « En pays arabe », dit M. Achille Robert, « les travaux d'aiguille sont réservés aux hommes, pendant que de rudes labeurs comme le transport de l'eau, du bois de chauffage, etc., sont exécutés par des femmes. »

Dans les villes, la femme musulmane est soumise à une réclusion complète, C'est la vie claustrale dans sa plus stricte acception. A ce point de vue encore, le mâle omnipotent s'octroie généreusement la part du lion et met la femme, objet des convoitises masculines, sous les verrous. Le Coran l'oblige d'ailleurs, sous prétexte de sauvegarder sa pudeur et de mettre ses charmes à l'abri des regards indiscrets ou concupiscents, à se voiler le visage et à ne pas se découvrir en présence d'un étranger. « Qu'elles se couvrent, de leur voile, l'échancrure pectorale de leurs vêtements, il leur sera ainsi plus facile d'arriver à ce qu'elles ne soient ni méconnues, ni calomniées. » (Coran, Chapitre XXIV, vers. 31, et XXXIII, vers. 59).

On raconte qu'un jour le Khalife Omar ayant rencontré

l'une des épouses du Prophète qui se promenait, le visage
découvert, manifesta son étonnement de voir une femme
de sa condition sortir non voilée et l'interpella en ces
termes : « Certes, nous te reconnaissons ! ». C'est à la
suite de cet incident que le Prophète prescrivit aux femmes de se voiler en public. Mais, suivant leur habitude,
les commentateurs du Coran crurent devoir renchérir
encore sur le précepte coranique et décidèrent que la
femme musulmane ne pourrait se dévoiler que devant les
seuls membres de sa famille. Pour se conformer à cette
règle rigoureuse et fort peu esthétique, les femmes indigènes, sauf les vieilles, ont coutume, lorsqu'elles sortent,
de s'emmitoufler de la tête aux pieds, ne laissant aperce-
voir, de toute leur personne, que les yeux, voire même un
œil seulement, les mains et les pieds. Attifée ainsi, gaînée
de blancs haïks, la femme offre l'aspect d'une sorte de
pénitent blanc recouvert de sa cagoule. La poitrine aux
alléchantes rondeurs, les hanches plus ou moins char-
nues, la croupe rebondie, en un mot tous les charmes
physiques de la femme constituant l'un de ses principaux
attraits, disparaissent pudiquement aux yeux toujours
alléchés de l'homme, du mâle concupiscent. « La pensée
inspiratrice de l'obligation qu'a la femme de se cacher,
c'est la disparition, ou tout au moins l'amoindrissement
de toute cause apparente de salacité. Le désir suivant la
vision de l'objet, les élans de concupiscence vers la femme

couverte sont plus difficiles, plus pénibles que si elle est
dévoilée » (1).

Tel est, en effet, le but préservatif que se sont proposé
les commentateurs du Coran en prescrivant l'usage obligatoire du voile à la femme arabe. Mais il n'en résulte
pas moins pour cette malheureuse déjà séquestrée, pri-
sonnière, une nouvelle sujétion assez pénible dont la
conséquence est de diminuer sa personnalité et d'amoin-
drir son prestige physique en la privant arbitrairement
de l'une de ses plus charmeresses prérogatives et en violant ainsi, une fois de plus, sous prétexte de sauvegarder
les mœurs, la liberté imprescriptible et la dignité sacrée
de la femme, à quelque nationalité, à quelque culte qu'elle
appartienne.

En Kabylie et dans les tribus Chaouïas de l'Aurès, les
femmes ne sont généralement pas voilées et jouissent à
cet égard de plus de latitude que les femmes arabes, mais
leur condition n'en est pas pour cela moins précaire, tant
s'en faut. La femme kabyle est, en effet, traitée comme
une véritable bête de somme, et, à ce titre, l'homme lui
impose les plus lourdes tâches, la charge des travaux les
plus pénibles qui incombent normalement aux animaux
domestiques chez les peuples civilisés.

---

(1) *Respect aux droits de la femme*. Traduction de M. Arnaud

Il n'est pas rare de rencontrer, dans certaines régions algériennes, par les routes ensoleillées ou fangeuses, des femmes indigènes en guenilles, le corps demi-nu, exposé aux dures intempéries, suivant à pied, un « moutcha-chou » (1) sur le dos, l'âne ou le mulet sur lequel se prélasse l'outrecuidante paresse du mari, confortablement drapé de laine. Il est vrai de dire aussi que dans les classes plus élevées de la société musulmane, l'inverse se produit le plus souvent et, en pareille occurrence, le mari traite son épouse avec les égards qui lui sont dus.

La loi musulmane recommande au mari d'être doux et bienveillant envers sa femme, mais dans la réalité, l'arabe viole très souvent ce généreux précepte, et pour un motif parfois futile ou simplement par jalousie, il se livre sur son épouse à de brutales voies de fait, voire même au meurtre. On m'objectera peut-être, avec une apparence de raison, que la femme arabe, pas plus que la femme française ou européenne, n'est irréprochable, et qu'il lui arrive quelquefois de provoquer, sinon de justifier, la violente colère de l'homme. J'en conviens, mais est-ce que les torts de la femme, si réels soient-ils, légitiment néanmoins le droit excessif, draconien, que s'arroge, en vertu de sa force musculaire, le mari à l'encontre de l'épouse désobéissante ou coquette ? Je ne puis l'admettre,

---

(1) Enfant.

et je constate qu'à cet égard encore, l'homme s'octroie généreusement la prééminence sur la femme, victime de la brutalité du mâle farouche et autoritaire.

Cloîtrée, presque hermétiquement voilée, en butte à la colère, parfois à la haine implacable ou à la jalousie féroce de son « seigneur et maître », la femme arabe en est presque toujours réduite à se soumettre à sa triste condition, à se résigner philosophiquement à son misérable sort, à moins que, dépouillant tout scrupule et faisant litière des préjugés et des mœurs qui asservissent l'existence féminine, elle ne se décide à user, à l'aide des moyens naturels dont elle dispose, de représailles envers le mari autocrate, libertin, au risque de susciter de nouveau sa fureur et d'armer contre elle un bras meurtrier, vengeur.

Au reste, chez les musulmans comme chez nous, « les verrous et les grilles ne font pas la vertu des femmes ni des filles ». Aussi en est-il bon nombre, parmi les femmes indigènes, qui n'hésitent même point à prendre l'initiative à cet égard et jettent avec une étrange désinvolture, leur voile aux orties et leur chéchia par-dessus les moulins. Ces mœurs libres sont fréquentes, surtout chez les Bédouins de la tente, dans les oasis et dans les montagnes, où les femmes se prostituent sans vergogne et se livrent à leurs amants, la nuit, dans la brousse, et même parfois le jour, au soleil, à quelques pas du gourbi, au bord d'un « oued », parmi les fourrés de lentisques ou de lauriers-roses. De là, des scènes violentes, de sauvages querelles aboutissant presque toujours à des meurtres fort peu passionnels qui entraînent la comparution de leurs auteurs devant les Cours criminelles algériennes.

Telle est, en fait, la condition de la femme indigène en Algérie. En dépit des nobles efforts du Prophète et des généreux préceptes coraniques contre lesquels ont prévalu les mœurs musulmanes, diamétralement opposées aux idées modernes, il reste, on le voit, beaucoup à faire pour améliorer le sort de la femme dans l'Afrique septentrionale et pour la relever aux yeux des peuples civilisés.

Nul plus que moi n'est respectueux des usages et des traditions, mais à la condition, toutefois, que ces usages et ces traditions ne soient point en contradiction formelle avec les principes intangibles, imprescriptibles et sacrés de justice, de liberté, de morale, qui dominent de plus en plus à notre époque et dont s'inspirent les esprits sincèrement progressistes que préoccupent, à si juste titre, les questions sociales et humanitaires.

Tel n'est malheureusement point le cas des coutumes musulmanes qui amoindrissent la personnalité féminine et réduisent la femme à une quasi-servitude vis-à-vis de l'homme omnipotent.

Au point de vue juridique, la femme arabe n'est pourtant pas complètement désarmée ; sa situation est même plus avantageuse, plus indépendante que celle de la femme française qui est soumise à la tutelle masculine ; ses droits sont formellement reconnus et déterminés par la loi coranique, mais ignorante et asservie, elle ne songe même pas, le plus souvent, à s'en prévaloir contre l'homme qui abuse envers elle de ses exorbitantes prérogatives. Il importe donc de réagir énergiquement contre de pareilles mœurs qui font, en réalité, de la femme indigène un être absolument inférieur, assujetti aux caprices et au bon plaisir du mâle. Il faut tâcher de remédier à ce déplorable état de choses tout à fait indigne d'un peuple civilisé, en contribuant par tous les moyens dont nous disposons et surtout par l'enseignement manuel, au relèvement de la femme musulmane en Algérie.

L'initiative individuelle a déjà entrepris cette généreuse tâche et l'exemple si désintéressé de Mesdames d'Attanoux, Luce Ben Aben, Delfau, etc., sera suivi, je l'espère, par d'autres personnalités désireuses, comme elles, d'améliorer la condition familiale et sociale de la femme indigène dans l'Afrique du Nord. Mais il appartient surtout au Gouvernement d'agir à cet égard et de seconder, d'une façon effective, les louables efforts faits par quelques particuliers pour atteindre ce noble but qui doit intéresser tous ceux que préoccupe l'avenir de notre race en Algérie.

# DU MARIAGE CHEZ LES MUSULMANS

Dès sa naissance, la femme musulmane est sous la dépendance absolue du père, qui possède à l'égard de ses enfants et de ses filles en particulier, des droits exorbitants, draconiens. Il n'a plus, il est vrai, comme avant la période islamique, le droit de vie ou de mort le « *jus vitæ necisque* » envers ses enfants, que lui interdit formellement le prophète Mohamed, mais il exerce à cet égard une autorité excessive qui aboutit le plus souvent à l'arbitraire et au despotisme. Il peut, à son gré, en vertu de son droit de contrainte matrimoniale, droit de « djebr », disposer de sa fille mineure, au mieux de ses intérêts et sans être tenu le moins du monde de la consulter. Il peut accorder sa fille vierge, dès sa naissance, à un musulman mâle quelconque, en stipulant que le mariage ne sera consommé que lorsque la jeune fiancée sera nubile. Ce choix d'un futur mari ne dépend que du père, et la fille, quel que soit son âge, est tenue de s'incliner devant la volonté paternelle.

Le Prophète a prescrit, il est vrai, de ne marier la

vierge que si elle donne son adhésion au mariage projeté, mais on ne tient aucun compte, dans la pratique, de cette prescription coranique et jamais la fille n'est consultée sur le choix de son futur époux qui lui est imposé par l'autorité paternelle. De là, de déplorables abus qu'il importe de signaler et contre lesquels on ne saurait protester trop énergiquement.

En fait, le mariage musulman, contrat synallagmatique, est un véritable marché conclu entre le père de la jeune fille et le futur mari ou son représentant. On stipule une dot qui doit être versée par le mari et en échange de laquelle le père lui livre le corps de sa fille. La moitié de la dot doit être payée au moment où le contrat intervient devant le cadi, qui exerce en cette occasion les fonctions de notaire, et l'autre moitié [1] est versée après la consommation du mariage qui doit être établie d'une façon certaine. Légalement, la dot stipulée appartient à la femme qui peut en disposer librement, mais en fait, c'est le père qui la perçoit et en bénéficie immédiatement, à charge par lui toutefois, d'en

---

(1) Ce solde appelé *kali*, constitue entre les mains de la femme un excellent moyen d'action pour mettre un frein aux fantaisies du mari. Celui-ci ne peut oublier en effet que s'il la répudie par caprice, il devra en même temps lui payer sa dette et cette considération n'est pas sans importance. (Mercier, *Condition de la femme musulmane*).

restituer ultérieurement la valeur à sa fille au profit du
plus offrant. Ce qu'il veut, avant tout, c'est conclure une
affaire avantageuse, un marché lucratif et il se préoccupe
fort peu de savoir si le mari qu'il convoite possède les
qualités requises pour assurer le bonheur de son enfant,
qui reste le plus souvent étrangère à ce contrat et s'incline
docilement devant la décision du père.

La fille devient ainsi, pour le père, une source parfois
précieuse de revenus, un bien qu'il exploite au mieux
de ses intérêts. Quant aux sentiments qu'elle pourrait
éprouver à l'égard de tel de ses coreligionnaires, le père
n'en a cure ; c'est pour lui chose absolument négligeable.
Il use de son droit dans la plénitude de ses attributions et
n'a de compte à rendre à personne, livrant ainsi, sans
scrupule, au premier musulman venu, pourvu qu'il
jouisse d'une certaine fortune, ce qui devrait être sacré
à ses yeux, la chair de sa chair, sa propre fille, trans-
formée en une sorte de marchandise sur laquelle il spécule
d'une façon plus ou moins avantageuse, suivant les
circonstances.

Une fois le mariage conclu, la fille à qui l'on a fait
connaître l'époux qu'on lui a choisi [1], continue de vivre

---

(1) Le futur ne connaît pas sa fiancée. Il est obligé de s'en rapporter
à cet égard aux déclarations plus ou moins intéressées et sincères de
certaines matrones qui font miroiter à ses yeux les qualités physiques
et morales parfois imaginaires ou exagérées de la future.

sous la dépendance absolue de son père, en attendant le moment plus ou moins rapproché où elle sera livrée au mari en vue de la consommation du mariage. En principe on doit attendre, pour l'exécution de cet acte important, que l'épouse soit nubile et l'époux pubère, mais il arrive souvent que le mari, impatient de posséder celle qui lui appartient légalement, exige du père de la jeune fille qu'elle lui soit livrée prématurément, et la consommation du mariage devient alors un véritable viol, devant lequel ne recule pas la lubricité du mâle musulman.

Les exemples abondent malheureusement et je me bornerai à en citer quelques-uns, les plus topiques que je connaisse. On pourra juger ainsi de la gravité des abus auxquels donnent lieu, dans la réalité des faits, le mariage musulman grâce au libre exercice du droit de contrainte matrimoniale accordé au père, à l'égard de sa fille, par la loi musulmane. J'emprunte ces exemples à une très intéressante étude sur le droit de « Djebr » et le mariage des impubères musulmans, due à la plume autorisée d'un ancien magistrat du Parquet Général d'Alger, qui proteste avec une énergique indignation contre de pareilles mœurs en opposition flagrante avec notre civilisation moderne.

Un indigène, de Port-Gueydon, marie son fils âgé de neuf ans à une fille du même âge. Après la cérémonie publique célébrée devant l'amin du village, la fille est remise, le soir même, à son jeune mari. Du consentement des parents, la jeune épouse partage sa couche et force lui est de subir les attouchements obcènes et les tentatives réitérées de rapprochement auxquels se livre sur elle, avec une lubrique ardeur, ce précoce éphèbe musulman.

Dans le canton de Téniet-el-Haâd, un autre indigène déjà marié, épouse une fille de onze ans. Il s'engage, au moment du contrat, à ne consommer le mariage qu'après un délai assez long. Un mois après, pendant la nuit, sa première femme entendant des cris de détresse et de douleur, accourt et constate que son mari, brutalement épris des charmes impollués de la jeune enfant, n'avait pas craint, pour atteindre son ignoble but, de recourir à la violence, et que pour triompher plus sûrement de la résistance de cette vierge encore impubère, il lui avait lié les mains derrière la tête, après lui avoir passé autour du cou une corde fixée au plafond !

Une orpheline de dix ans est mariée par son oncle investi du droit de « djebr ». Les conditions du mariage sont bientôt fixées. Le Cadi apprenant que la fille est trop jeune, refuse de dresser le contrat, mais quelques jours après, son bach-adel, moins scrupuleux, passe l'acte et pour dégager sa responsabilité, le cas échéant, il mentionne que la future est âgée de vingt ans. Pendant plusieurs mois, le mari, par pitié sans doute pour la

jeunesse de sa femme, la respecte, mais incapable de
maîtriser plus longtemps ses sens, il la viole et elle meurt
un mois après.

Une information a lieu à l'effet de rechercher les causes
de ce décès et l'autopsie révèle que l'enfant a été déflorée
à l'aide d'un pieu et que les lésions occasionnées par ce
phallus *sui generis*, ont déterminé la mort.

« Quelles souffrances et quelle horrible agonie pour
cette pitoyable créature », s'écrie le généreux magistrat qui a publié l'étude documentée où j'ai puisé ces
navrants exemples, « si l'on songe que pendant dix jours
et à maintes reprises, elle été contrainte de subir les
approches de son bourreau qui en a cyniquement fait
l'aveu ».

Et voilà à quelles déplorables conséquences, à quels
intolérables abus aboutit parfois, l'exercice du droit exorbitant de contrainte matrimoniale, conféré au père par la
législation coranique, et reconnu légitime par notre législation trop respectueuse des traditions et des coutumes
barbares des indigènes musulmans. Je me plais toutefois
à reconnaître que les rites malékite et hanéfite obligent
les époux à surseoir à la consommation du mariage
jusqu'au jour où leur puberté est notoire.

Mais certains commentateurs musulmans ont cru devoir
dénaturer cette règle précise et formelle en déclarant
« que si la fille est corpulente et grasse, le cadi peut

obliger le père à la conduire à son mari et qu'elle peut lui être livrée à l'âge de neuf ans ». Il est vrai, comme le fait judicieusement remarquer le magistrat dont j'ai invoqué précédemment le témoignage, que le Prophète avait épousé, alors qu'elle avait huit ans, Aïcha, fille d'Abou Bekr et que celle-ci reconnut elle-même avoir cohabité avec Mohamed, dès l'âge de neuf ans.

En agissant ainsi, les croyants peuvent donc prétendre, avec raison, qu'ils ne font que suivre l'exemple du Prophète dont les errements doivent toujours être respectés.

En Kabylie, le mariage est bien plus immoral encore et la femme y est à la merci absolue du père et du mari.

Les Berbères ou Kabyles, professent la religion musulmane, mais en ce qui concerne leur statut personnel, ils sont régis par leurs kanouns ou coutumes qui sont préislamiques. D'après ces coutumes, le père peut disposer de sa fille comme il l'entend et la vendre moyennant un prix convenu, comme une marchandise quelconque. Le mariage kabyle revêt un caractère purement commercial, c'est une transaction plus ou moins lucrative.

Au point de vue du consentement, la femme, vierge, veuve ou répudiée, n'est jamais consultée, elle n'a pas voix au chapitre et doit courber la tête devant l'omnipotence du mâle. Lorsqu'elle est répudiée, elle ne peut se

remarier qu'après avoir remboursé le prix de vente versé
par son premier mari. Il n'est pas question de dot en pays
kabyle. Le mariage est essentiellement vénal. La femme se
livre en échange d'une certaine somme d'argent versée par
le mari et n'a aucun droit sur cette somme qui appartient
au père ou, à défaut du père, à d'autres parents mâles, voire
à l'individu au service duquel elle est attachée. C'est une
prostitution d'un genre particulier qui s'exerce à l'encontre
de la femme et au profit exclusif de l'homme qui en est le
propriétaire. Aussi, en langue kabyle, ne dit-on pas d'un
père, qu'il a marié sa fille, mais bien qu'il a « mangé de sa
fille » (icha vey illis). On le voit, la femme kabyle est une
esclave à l'égard de laquelle la traite peut s'exercer librement et impunément. Elle est d'ailleurs formellement
exclue de l'hérédité et ne peut jamais rien posséder, pas
même le prix de sa personne, sauf toutefois le maigre
pécule qu'elle réussit parfois à amasser par son travail
manuel. « La femme kabyle », dit M. Dubouloz, « est
toujours sous le joug des Kanouns qui la frappent
d'absolue incapacité, en font moins qu'une mineure, une
chose sans importance qui doit se plier sans murmurer
aux caprices du père, des frères, du mari et même de son
fils ».

Mariée, la femme indigène échappe à la domination
paternelle pour tomber sous le joug de son seigneur et
maître. Il est rare qu'elle gagne au change et la vie

conjugale est le plus souvent pour elle une servitude plus ou moins pénible [1].

Elle est d'ailleurs exposée, sans aucune garantie efficace, aux caprices du mari qui est investi à son encontre de droits excessifs, et peut notamment la répudier sans motif plausible, sous le prétexte plus ou moins fallacieux qu'elle a cessé de lui plaire ou parce qu'il éprouve le désir de la remplacer par une autre plus riche ou plus affriolante.

Pour réaliser ce but et rompre le lien conjugal, le mari n'a qu'à prononcer une formule quelconque de répudiation, sans fournir aucune explication pour justifier sa conduite, et la femme, exclue de la famille, doit se tenir à l'écart, en une sorte de quarantaine dont la durée est fixée à trois mois. C'est ce qu'on appelle *l'aïdda* ou retraite légale. Pendant ce laps de temps, le mari qui est résolu à se débarrasser de son épouse, doit prononcer trois fois la formule de répudiation, et lorsque cette formule a été prononcée pour la troisième fois, le lien matrimonial est définitivement rompu de par la volonté seule et exclusive du mari qui peut alors chasser brutalement et sans autre forme de procès, du domicile conjugal, la femme répudiée.

------

(1) Zeys, *Les Juges de Paix Algériens*. — Hanoteau et Letourneux, *La Kabylie*. — « A propos de l'œuvre de Madame d'Attanoux », article publié dans la *Revue Nord-Africaine*.

Il en est autrement, s'il plait au mari omnipotent d'exercer, pendant cette période, le droit de retour qui lui appartient, c'est-à-dire de rétracter sa formule et de reprendre sa femme, suivant son bon plaisir. Quant à celle-ci, elle joue en cette occurrence, un rôle purement passif. Elle n'a point à formuler d'avis à ce sujet et ne peut que se conformer strictement à la décision arbitraire de son maître. La loi coranique reconnaît, il est vrai, à la femme qui a des griefs contre son mari et désire se soustraire à sa puissance, le droit de demander le divorce, mais il faut pour cela que ses griefs soient sérieux et parfaitement caractérisés. Elle est tenue, en pareil cas, de s'adresser à la justice musulmane qui statue sur sa demande, après un examen approfondi de la situation et en toute connaissance de cause. L'homme, on le voit, a la partie belle et la femme est presque toujours sacrifiée au profit du mâle léonin. Ainsi le veulent les lois musulmanes.

En Kabylie c'est bien pis encore, et les prérogatives du mari sont, à ce point de vue, tout à fait exorbitantes.

Le mari peut seul dissoudre l'union conjugale en exerçant arbitrairement son droit de répudiation et la femme n'a jamais la faculté de provoquer la rupture du lien conjugal, quelle que soit la nature ou la gravité de ses griefs à l'encontre du maître. Annihilée, ignorante, assujettie, la femme kabyle se soumet, le plus souvent sans résistance, à sa volonté absolue, et s'incline sans murmurer, devant une décision brutale qui la rejette hors du foyer conjugal comme une chose vile qui a cessé de plaire.

La femme répudiée n'a plus qu'une ressource, le plus souvent illusoire, c'est de se racheter en remboursant elle-même ou grâce à la généreuse intervention d'un parent, le prix d'achat versé par le mari au moment où le mariage a été conclu. Mais il arrive presque toujours que le mari fixe lui-même un prix de rachat exorbitant ou tout au moins supérieur à celui qu'il a versé, et la femme se trouvant alors dans l'impossibilité matérielle de payer ce prix, en raison de la modicité des ressources pécuniaires dont elle dispose, en est réduite à errer lamentablement, à mener une misérable existence, livrée à la merci de son mari qui l'a mise en interdit et ne lui permet point de se soustraire à ses tracasseries ou à sa brutalité. Dans de telles conditions, la situation de la femme répudiée devient bientôt intolérable. Comme le disait très justement M. Zeys : « elle n'est plus une épouse et elle n'est pas veuve », c'est un être hybride, une sorte de paria qui traîne parmi ses coreligionnaires, une humiliante existence.

# LA POLYGAMIE CHEZ LES MUSULMANS ALGÉRIENS

L'Arabe est généralement monogame. Néanmoins le Coran autorise la polygamie. « N'épousez que peu de femmes, deux, trois ou quatre, parmi celles qui vous auront plu ». En dépit de ce texte limitatif, le Prophète semble avoir été, lui-même, un polygame convaincu, et il ne crut pas devoir, personnellement, observer la réserve qu'il prescrivait à ses adeptes. On sait, en effet, qu'il épousa vingt-sept femmes, consacrant ainsi, par son exemple, l'institution néfaste de la polygamie, c'est-à-dire l'abaissement de la femme qu'il avait tenté de relever par sa législation, et contredisant, d'une façon flagrante, aux yeux des croyants, sa propre doctrine, si noble, si généreuse.

Les Kabyles sont réfractaires à cette coutume. Il en est de même des Arabes urbains, mais bon nombre de musulmans résidant sous la tente et vivant d'une façon toute patriarcale sont, la plupart, bigames, et certains d'entre eux, ceux qui possèdent une fortune suffisante ou qui descendent d'anciennes familles religieuses, prennent trois et même quatre femmes.

La polygamie est donc encore en usage chez les musulmans algériens, et cela n'est pas de nature à rehausser le prestige de la femme indigène ni à sauvegarder sa dignité déjà si gravement compromise par son état d'infériorité manifeste vis-à-vis de l'homme, dont la suprématie est indiscutablement reconnue. L'épouse musulmane est exposée à cohabiter, sous le toit conjugal, avec une ou plusieurs femmes légitimes de son mari qui n'a point à la consulter à cet égard et apprécie seul, l'opportunité de ce *modus vivendi*. C'est un droit que lui confère la loi coranique et qu'il exerce à son gré, dans la limite prescrite par le Prophète.

A ce point de vue encore, l'assujettissement de la femme se révèle d'une façon évidente. L'homme est le maître ; il agit à sa guise et vit conjugalement, comme bon lui semble, prenant une ou plusieurs compagnes, suivant la nature de son tempérament ou les nécessités de la vie domestique, sans se préoccuper le moins du monde des sentiments et des convenances personnelles de ses épouses, sans se soucier de leur différence d'âge, de la diversité de leurs caractères ou de l'incompatibilité d'humeur qui peut les diviser et provoquer parfois entre elles de fâcheux conflits, voire de violentes querelles. Il a, pour trancher cette grave question, carte blanche et ne prend conseil que de lui-même et de ses propres intérêts. Quant à la femme, elle doit, comme toujours, courber la tête devant

l'omnipotence de son « seigneur et maître », faire, le plus
souvent, contre mauvaise fortune bon cœur et s'accom-
moder, tant bien que mal, de cette existence particulière
à laquelle les mœurs musulmanes semblent la destiner
d'une inéluctable façon. Il en résulte néanmoins quelquefois pour elle des ennuis, des froissements, des sévices
même, car cette choquante promiscuité entre les coépouses
dont les droits et les prérogatives sont identiques, donne
forcément lieu, dans certains cas, à des scènes brutales
ou pittoresques, provoquées soit par la jalousie, soit par
des rivalités ou des difficultés intestines.

Ce sont alors, entre les rivales, des bordées d'injures
éructées d'une voix stridente et volubile, puis bientôt une
violente prise de corps, une « bataille de dames » en
règle, à griffes que veux-tu, avec des gestes furieux
d'hystériques échevelées, la bouche écumante, la gan-
doura déchirée en lambeaux, découvrant la poitrine
lacérée, striée de sanguinolentes arabesques, les seins
nus, piriformes, flottant à l'air, désemparés, jusqu'à ce
qu'épuisées, haletantes, elles finissent par recouvrer
momentanément le calme, se résignant à reprendre la
vie commune et à se partager, plus ou moins également,
les privautés du mari qu'elles n'aiment jamais, dont elles
redoutent la colère, voire surtout la damoclésienne répudiation.

Je dois dire toutefois que la polygamie entraîne pour

l'homme, diverses obligations auxquelles il ne pourrait se soustraire qu'en violant la loi coranique. Au droit qui lui appartient de prendre plusieurs épouses, correspondent des devoirs précis constituant une sorte de correctif qui atténue, aux yeux de la femme, le caractère plus ou moins vexatoire de ce droit et sauvegarde, sinon sa dignité personnelle et son prestige moral, tout au moins ses intérêts matériels. La loi oblige, en effet, l'homme qui prend plusieurs compagnes, non seulement à les traiter avec égalité, mais aussi à partager équitablement entre elles les vêtements, les parures, à affecter à chacune d'elles un logement distinct et d'un modèle unique, à ne pas accorder à l'une plus de caresses et de cadeaux qu'à l'autre. « Le mari, dit M. Zeys, ancien premier président de la Cour d'appel d'Alger, est tenu d'entretenir sa femme, suivant les ressources dont il dispose. La polygamie entraîne pour lui d'autres obligations qui sont la source de singulières contestations judiciaires. Il doit partager son temps entre ses femmes, celles-ci ayant des droits égaux à ses attentions ; il n'y a d'exception à cette règle qu'au moment du mariage, la vierge pouvant retenir son mari auprès d'elle sept nuits consécutives, et la femme qui a déjà été mariée, pendant trois nuits ».

Voilà à quel singulier résultat aboutit la polygamie musulmane et comment, par suite d'une déplorable aberration, l'épouse indigène en arrive à comprendre l'amour dont la spontanéité est l'un des éléments essentiels et constitue le charme principal. N'est-ce point tout à fait édifiant, cette pittoresque réglementation des caresses matrimoniales et des épanchements conjugaux ?...

La femme, cette exquise compagne, cette précieuse associée de l'homme, n'est plus dès lors, à ce point de vue, qu'une bête plus ou moins apte à la reproduction, qu'on délaisse lorsqu'elle est bréhaigne ou un amas plus ou moins copieux, le plus souvent amorphe et veule, de chair à plaisir sur lequel se vautre *équitablement*, suivant le précepte coranique, la brutalité intermittente du mâle en rut !

# LA PEINE DE MORT EN ALGÉRIE

De nombreux philosophes et d'éminents penseurs, épris d'idéale justice, depuis Beccaria, Voltaire, Lamartine, Victor Hugo, jusqu'à MM. Paul et Victor Margueritte, ces nobles écrivains que passionnent toutes les questions sociales, se sont déclarés partisans résolus de la suppression de la peine de mort.

On peut certes faire valoir des arguments puissants, décisifs, en faveur de la suppression de la peine de mort, de même que l'on peut aussi préconiser avec des arguments non moins solides le maintien de cette peine capitale. Pour ma part, je ne crois pas, ou plutôt je ne crois *plus* à l'efficacité, à l'exemplarité de la peine de mort qui n'a jamais, que je sache, abaissé le niveau de la criminalité dans la métropole. La guillotine n'empêche pas MM. les apaches et autres chevaliers du surin de continuer leurs exploits et de chouriner leurs semblables quand l'occasion se présente à eux propice. Cette vérité expérimentale me semble incontestable. Mais en est-il de même en Algérie, aux yeux de nos bons justiciables musulmans ? Telle est la question délicate, à laquelle il importe de répondre nettement et sans ambages.

En l'état actuel de notre système pénitentiaire, je n'hésite pas à répondre négativement, surtout en ce moment où la criminalité indigène augmente dans d'inquiétantes proportions et où la sécurité publique devient, semble-t-il, de plus en plus problématique en raison de l'audace inouïe des malandrins indigènes et de l'atrocité révoltante des attentats commis par eux sur la personne des colons, voire des fonctionnaires, qu'ils n'hésitent pas à torturer avec de véritables raffinements de cruauté farouche.

Quoique partisan *en principe* de la suppression de la peine capitale, j'estime qu'étant donné le régime pénitentiaire tel qu'il est actuellement organisé en Algérie, il serait dangereux, au point de vue de la sécurité publique, de supprimer d'une façon absolue la peine de mort à l'égard des criminels indigènes pour qui la vie humaine (celle d'autrui s'entend) n'a qu'une valeur infime, dérisoire, et qui n'hésitent pas, le cas échéant, pour un motif des plus futiles, ou pour assouvir une vengeance personnelle ou familiale, à tuer brutalement leurs coreligionnaires quand, soit par fanatisme, soit par rancune, soit par leur naturel penchant au vol, ils ne se livrent pas avec une égale férocité, à de monstrueux attentats sur la personne des roumis qui les entourent.

L'emprisonnement, la privation de la liberté, quelle qu'en soit la durée, n'ont pas pour effet d'intimider les indigènes qui s'accommodent très facilement de notre régime pénitentiaire, surtout lorsqu'ils sont réunis et peuvent converser entre eux ou travailler en commun. Ils s'accoutument très vite à la réclusion et ne souffrent ni moralement, ni physiquement, de ce régime qui ne diffère pas sensiblement de celui auquel ils sont habitués et qui, au point de vue alimentaire, est presque toujours plus agréable ou plus substantiel que le leur.

Le travail manuel, les corvées diverses que l'on impose aux condamnés ne suffisent pas non plus à refréner leurs instincts et à les empêcher de commettre de criminels attentats envers les européens. La perspective d'être incarcérés, même pendant de longues années et d'être astreints pendant ce laps de temps, à des tâches matérielles parfois pénibles, ne les effraie point. Ils en prennent aisément leur parti, avec l'espoir d'ailleurs qu'ils échapperont aux recherches policières ou bien qu'il bénéficieront d'une réduction de peine s'ils ne peuvent éviter une condamnation.

Une seule peine est de nature, peut-être, à intimider encore les criminels indigènes et à enrayer la criminalité chez nos sujets musulmans, c'est la peine capitale, car si les indigènes font bon marché de la vie d'autrui, ils attachent quelque prix à la leur, en dépit des récompenses promises à ceux d'entre eux qui vont vers Allah après avoir occis un infâme roumi, un chien de chrétien.

Un autre argument, tiré des croyances musulmanes, milite encore en faveur du maintien de la peine de mort en Algérie, à l'égard des criminels indigènes ; c'est le suivant. L'indigène impassible, stoïque, lorsqu'il est en proie à la douleur physique, frémit d'horreur et tremble en évoquant à ses yeux révulsés le couperet sanglant de la guillotine. Cette affreuse pensée lui inspire une invincible répulsion, et lui cause une indicible épouvante. D'après les croyances musulmanes que les indigènes se gardent bien de révoquer en doute, la décapitation met obstacle à ce qu'au jour de la résurrection suprême, le corps du supplicié comparaisse devant Allah.

A ce point de vue encore, la peine capitale constitue un frein à la féroce brutalité des indigènes et une garantie pour la sécurité publique en Algérie.

Il importe donc de maintenir la peine de mort en Algérie, vis-à-vis des indigènes, à moins que l'on ne se décide à modifier essentiellement le système pénitentiaire à leur égard, en aggravant le régime des condamnés pour crimes de meurtres, d'assassinats, qui sont de nature actuellement à entraîner la peine de mort, celle des travaux forcés à perpétuité, à temps, ou celle de la réclusion. Que l'on supprime la peine de mort, soit, mais que l'on instaure au préalable le régime cellulaire à l'égard des criminels indigènes. Il y va de la sécurité publique en Algérie et de l'avenir de notre belle colonie.

# LA BÉCHARA

La question de la sécurité est encore à l'ordre du jour
en Algérie. Parmi les causes de l'insécurité rurale, il
convient de signaler tout particulièrement la multiplicité
des vols commis par les malandrins indigènes au préjudice de leurs coreligionnaires et aussi, très souvent, au
préjudice des colons français ou européens. L'indigène est
passé maître en l'art de voler et sa maîtrise s'exerce de
préférence à l'égard des bestiaux de toute nature, sans
distinction de race, qu'il convoite ardemment et dont il
s'empare en employant certains moyens spéciaux, notamment la *béchara*.

En Algérie, lorsqu'un vol de bestiaux est commis par
des indigènes au préjudice d'un de leurs coreligionnaires,
voire au préjudice d'un colon français ou européen, la
partie lésée, au lieu de formuler une plainte régulière et
de s'adresser directement à l'autorité judiciaire compétente, comme cela se fait dans la métropole, s'abouche
discrètement avec un ou plusieurs indigènes qu'on appelle
*béchars* et qui, moyennant le versement d'une certaine

somme d'argent appelée *béchara*, s'engagent à faire des recherches afin de retrouver les animaux volés et les faire restituer au plaignant. Ces béchars sont le plus souvent les complices des vols, quand ils n'en sont pas les auteurs. Aussi sont-ils qualifiés pour mener à bonne fin leur lucrative entreprise. Ce sont aussi parfois de simples intermédiaires qui, moyennant une certaine rétribution, une commission plus ou moins rémunératrice, se livrent à des recherches, à de policières investigations dans les douars et parviennent à découvrir les voleurs avec lesquels ils entrent en pourparlers et à qui ils proposent de remettre une somme indéterminée à titre de béchara, en échange des animaux volés. Si un accord intervient entre les parties contractantes, les bêtes soustraites frauduleusement sont remises, sur le champ, entre les mains des béchars, ou bien l'on désigne le lieu où le propriétaire des animaux volés pourra reprendre possession de ses bêtes et au jour convenu, le plus souvent en un endroit isolé, le plaignant trouve le produit du vol au lieu indiqué, plus sûrement que s'il avait eu recours à l'intervention d'un policier émérite.

C'est en effet le moyen le plus sûr, le moins aléatoire, de recouvrer les animaux volés, et c'est pourquoi ce procédé extra-judiciaire, familier aux indigènes musulmans, est encore si en honneur en Algérie parmi la population rurale des *fellahs* et aussi parmi les colons français

ou européens qui, victimes de vols de bestiaux de la part
des malandrins indigènes, n'hésitent pas à y avoir recours
en dépit du caractère illicite et équivoque de cette institution que la morale réprouve mais que la justice tolère
parce qu'elle est impuissante à la supprimer. La béchara,
devient, dans ces conditions, une véritable prime au vol,
un encouragement permanent offert non seulement par
les propriétaires indigènes mais même par les colons,
aux malfaiteurs arabes qui pullulent dans certaines
régions algériennes et qui, toujours en quête d'une proie
lucrative, « quœrentes quem devorent » commettent des
vols avec l'espoir rarement fallacieux de remplir leur
escarcelle vide et deviennent ainsi de véritables professionnels passés maîtres en l'art de spolier leurs coreligionnaires ou les roumis qui possèdent des bestiaux.

Le montant de la béchara varie suivant la fortune de la
victime du vol et aussi suivant l'importance pécuniaire de
cet attentat, la gravité du préjudice causé. Le propriétaire
volé ne peut donc espérer rentrer en possession de ses
bêtes sans bourse délier, mais il préfère s'imposer un
sacrifice parfois pénible, supporter une perte d'argent
assez sensible, en s'adressant discrètement à un béchar,
plutôt que de s'adresser à la police ou à l'autorité judiciaire, alors qu'il ne connaît pas le coupable ou qu'il n'a
que de vagues soupçons et que ne pouvant, dans ces
conditions, fournir des indications précises aux officiers

de police judiciaire spécialement chargés de rechercher
les malfaiteurs, il a, d'ores et déjà, la quasi certitude
d'aboutir à un résultat négatif et de ne pas découvrir les
animaux volés après avoir vu sa plainte classée faute de
charges ou de preuves suffisantes. Voilà pourquoi, en
dépit de ses détracteurs et quoique l'on fasse, la béchara a
encore, en Algérie, de nombreux partisans, même ceux
qui, tout en la réprouvant au point de vue social et moral,
en préconisent plus ou moins ouvertement l'exercice
au point de vue pratique et au profit de leurs intérêts
matériels qu'ils tiennent avant tout à sauvegarder.

Les Tribunaux ont essayé, à maintes reprises, de réagir
contre ce procédé en sévissant contre les béchars, poursuivis comme complices par recel des vols d'animaux
commis au préjudice des propriétaires français ou indigènes, mais la répression, d'ailleurs assez rare, et toujours
précaire, exercée contre les bénéficiaires de la béchara, le
plus souvent de connivence avec les voleurs lorsqu'ils ne
sont pas les auteurs mêmes des vols dont il s'agit, est
restée inefficace et n'a jamais empêché la béchara de
s'exercer fréquemment et de rester florissante, au profit
des malandrins indigènes qui, grâce à ce procédé lucratif,
continuent à mettre certaines régions en coupe réglée et
à considérer les colons et les riches fellahs indigènes
comme taillables à merci. La plupart des Parquets algériens semblent d'ailleurs avoir renoncé à exercer des pour-

suites très aléatoires contre les béchars, du chef de vol ou
de complicité de vol de bestiaux. L'insuffisance ou l'im-
précision des charges relevées contre les inculpés qui, en
·pareil cas, procèdent toujours avec une prudente circonspection, empêchait souvent les Tribunaux correctionnels
de prononcer des condamnations à leur encontre. Il est,
je le reconnais, bien difficile de faire la preuve de la
culpabilité des béchars et de caractériser, en fait et en
droit, leur participation plus ou moins effective aux vols
commis au préjudice des propriétaires d'animaux. Les
officiers de police judiciaire se heurtent fréquemment, à
cet égard, à une impossibilité matérielle et restent impuis-
sants devant l'astucieuse habileté des truands indigènes
qui s'entendent à merveille pour se soustraire aux investigations dont ils sont l'objet. Néanmoins, j'estime que
les Parquets devraient réagir contre ces errements judiciaires et mettre l'action publique en mouvement à l'encontre des béchars, chaque fois que l'attitude de ceux-ci
et leurs agissements sont de nature à démontrer, sinon
leur culpabilité directe ou leur participation effective au
vol commis, du moins, leur connivence flagrante, indéniable, avec les auteurs de cet attentat.

Le vol à la béchara constitue en Algérie un délit spécial,
une infraction « suî generis » qu'il importe de réprimer
sévèrement en n'interprêtant pas *stricto sensu* le texte du
Code pénal qui prévoit et punit le vol d'une façon géné-

rale, mais ne s'applique pas *spécialement* à cet attentat commis par les indigènes dans des conditions toutes particulières et non prévues par le législateur, sur le territoire algérien.

J'estime en outre que l'on devrait rechercher avec soin et poursuivre impitoyablement, au nom de l'ordre et de la sécurité publics, même à défaut de toute plainte de la partie lésée, non pas les indigènes plus ou moins miséreux qui se bornent à servir d'intermédiaires entre les propriétaires volés et les voleurs et qui se livrent ainsi à une opération quasi licite, mais les professionnels du vol à la béchara, c'est-à-dire ces spécialistes pour qui la béchara constitue une source souvent abondante de revenus et qui ont le cynisme d'exploiter, en leur réclamant clandestinement une rançon, ceux qu'ils ont spoliés audacieusement et hélas ! presque toujours impunément.

J'estime enfin que les officiers de police judiciaire, les auxiliaires de la justice, et notamment les adjoints indigènes, cheiks ou caïds, kebars, gardes-champêtres, ouakafs, mezouars, etc., devraient aussi redoubler de vigilance et de zèle, pour découvrir les auteurs de ces trop nombreux vols, afin de ne plus mettre les colons et autres propriétaires de bestiaux dans la pénible et regrettable nécessité de recourir à la funeste béchara plutôt que de s'adresser directement et normalement à l'autorité judiciaire qui, seule, a qualité pour rechercher et poursuivre, le cas échéant, les auteurs et les complices de ces attentats dont le nombre s'accroît de jour en jour en Algérie. Actuellement, la néfaste béchara constitue l'un des principaux obstacles à l'établissement de la sécurité que réclame avec raison la population rurale algérienne. Il importe donc, au plus haut point, non seulement de signaler sévèrement ce déplorable usage, mais de tâcher de le faire disparaître avant qu'il soit longtemps, en employant d'urgence les moyens nécessaires et en prenant, sans plus tarder, des mesures énergiques et adéquates à cet état de choses.

La prospérité de la colonisation algérienne est à ce prix.

# LA CONSPIRATION DU SILENCE
## CHEZ LES INDIGÈNES MUSULMANS

Tous ceux qui connaissent les mœurs de nos sujets musulmans savent que les indigènes s'efforcent, par tous les moyens dont ils disposent, d'induire en erreur l'autorité judiciaire, lorsque celle-ci recherche les auteurs d'un crime ou d'un délit. Les disciples de Mohamed tiennent à honneur de tromper les magistrats dont les efforts tendent à la manifestation de la vérité et à la découverte des coupables. Pour atteindre ce but, qui leur semble très louable, les musulmans réalisent un accord parfait et s'entendent, si je puis ainsi dire, comme « larrons en foire ». Ils ont d'ailleurs, à cet effet, plusieurs cordes à leur arc et ne sont jamais pris au dépourvu. Le plus souvent, ils ont recours, pour égarer la justice, au mensonge le plus éhonté, ou bien à un procédé très fréquent et très familier aux indigènes, que l'on dénomme « la Conspiration du silence ». Afin de n'avoir pas maille à partir avec les autorités françaises et de soustraire l'un de leurs coreligionnaires aux poursuites judiciaires, ils *conspirent* avec une unanime spontanéité et « gardent de Conrart le silence prudent » au sujet du crime ou du délit dont ils connaissent à merveille l'auteur. Aussi, lorsque l'officier de police judiciaire se transporte, pour procéder sur les lieux, à une information, il se heurte le plus souvent à un mutisme irréductible de la part des indigènes qui répondent systématiquement aux questions du magistrat instructeur par un laconique et déconcertant « manarf » (1).

Lorsqu'il s'agit d'un meurtre ou d'un assassinat, les parents de la victime s'arrangent avec la famille de l'inculpé, moyennant le paiement entre leurs mains d'une certaine somme d'argent qui représente la *diah*, c'est-à-dire le prix du sang. Grâce au versement de cette indemnité, les parents de la victime se déclarent satisfaits et l'on convient, d'un commun accord, que le secret sera scrupuleusement gardé afin de soustraire le meurtrier aux recherches dont il est l'objet et aux poursuites qui le menacent.

Pour faciliter ces transactions vénales, on a recours, le plus souvent, à des intermédiaires influents, notamment aux marabouts qui se prêtent de bonne grâce à ces combinaisons clandestines, familiales.

Pour échapper à la répression légale, les indigènes trouvent trop souvent hélas ! des auxiliaires dévoués, non

---

(1) Je ne sais pas.

seulement parmi leurs parents, leurs amis, leurs familiers, mais aussi, il faut bien le dire, parmi leurs coreligionnaires, investis par le Gouvernement français de fonctions publiques plus ou moins décoratives, notamment parmi les caïds ou adjoints indigènes. Certes, il en est parmi ces fonctionnaires au burnous écarlate frangé d'or, qui sont dévoués à la France et dont le loyalisme ne paraît point suspect, mais il en est malheureusement d'autres qui, par esprit de lucre ou pour être agréables à leurs coreligionnaires, en haine du *roumi*, n'hésitent pas à prostituer leurs insignes, à trahir sciemment la confiance dont les honorent parfois leurs chefs, les administrateurs de communes mixtes, et à tromper sans vergogne ces fonctionnaires, au cours des recherches délicates et souvent difficiles auxquelles ils se livrent pour arriver à la manifestation de la vérité, en leur qualité d'officiers de police judiciaire.

C'est ainsi que par leur connivence coupable, certains caïds accessibles à la corruption ou à l'esprit de çof qui règne dans certaines régions algériennes, se font les complices des criminels indigènes et entravent, par leurs agissements équivoques, l'action si difficile de la justice dont ils ont le devoir de seconder les efforts. Voilà pourquoi tant de procédures pénales aboutissent en définitive au classement ou à des ordonnances de non lieu. Il faut reconnaître que les caïds et les gardes-champêtres indi-

gènes, modestes auxiliaires de la justice répressive, sont
rémunérés d'une façon tout à fait insuffisante ; c'est
peut-être ce qui explique, dans une certaine mesure,
sans toutefois la justifier, leur attitude déplorable, au
cours de maintes informations. Il appartient à l'Administration supérieure de remédier à cette situation en
prenant les mesures nécessaires et notamment en augmen-
tant le quantum des émoluments de ses agents subalter-
nes. Quoi qu'il en soit, j'estime que l'on devrait sévir
impitoyablement contre ces caïds félons et parjures
et qu'il faudrait sanctionner par une révocation immé-
diate des faits de cette nature, lorsque la culpabilité de
leur auteur est suffisamment démontrée. Il ne faut pas
hésiter, en pareil cas, à procéder à une amputation immé-
diate si l'on veut remédier au mal d'une façon efficace.
La répression doit être rapide, énergique et proportionnée
à la gravité de la faute commise et à ses déplorables
conséquences ! C'est le seul moyen d'enrayer, au moins
dans une certaine mesure, ces inqualifiables défections,
commises trop fréquemment par des fonctionnaires indigènes au préjudice de notre prestige national et au profit
de leurs coreligionnaires pour lesquels ils éprouvent toujours, quoique l'on fasse, une réelle sympathie ethnique
et confessionnelle.

Quant à ces *conspirateurs* indigènes qui s'obstinent à
rester muets malgré les plus pressantes objurgations des

officiers de police judiciaire, alors qu'ils connaissent per-
tinemment les  coupables qu'ils protègent cyniquement
par leur attitude équivoque et leur énigmatique silence,
surtout lorsqu'il s'agit d'attentats commis par un des
leurs sur la personne d'un roumi, il importe de les punir
d'une façon exemplaire en les rendant collectivement
responsables en cas de non découverte des auteurs de ces
trop nombreux attentats qui restent, hélas ! si souvent
impunis [1].

-------

(1) On s'étonnera peut-être qu'un magistrat se montre partisan de
la  responsabilité  collective,  mais  tous  ceux  qui  connaissent les
mœurs indigènes savent que lorsqu'un  crime  est  commis  dans un
douar ou dans une  mechta,  tous  les  habitants  de ce douar ou de
cette mechta connaissent l'auteur  de  l'attentat  et que s'ils restent
muets, en dépit des objurgations du magistrat instructeur, c'est
qu'ils ne *veulent* pas dénoncer le coupable. Voilà pourquoi j'estime
qu'en  pareil  cas,  il  importe  de  sévir *collectivement* contre ces
« Conspirateurs du silence » en leur infligeant une peine adéquate
à la faute grave qu'ils commettent, de propos délibéré, en refusant
systématiquement d'éclairer la Justice.

Ch. B.

# MAROC

# FEZ AVANT LE PROTECTORAT

## (PAR UN TÉMOIN OCULAIRE)

Chargé, en 1900, d'une mission au Maroc, par le Ministre de l'Instruction publique, M. Mouliéras mit à profit sa connaissance approfondie de la langue arabe pour accomplir utilement cette mission officielle.

Sous forme de journal de route, à la manière de Loti, l'auteur nous fait part de ses impressions, en une forme littéraire et imagée, en un style clair, attrayant, coloré.

Arrivé le 7 février 1900 à Tanger qu'il compare à Cannes, à Nice, à l'une des lumineuses cités de la côte d'Azur, il reçoit un cordial accueil à l'hôtel de la Légation de France.

Le 18 février, M. Mouliéras quitte Tanger pour se rendre à Fez, en simple touriste, sans avoir avisé le Maghzen de sa prochaine venue. La caravane s'achemine par étapes à travers d'immenses plaines, le long des pistes sablonneuses où apparaissent, par intervalles, des bandes de miséreux en proie au plus complet dénûment. « Le paupérisme », dit M. Mouliéras, « est la plaie générale des

populations marocaines honteusement exploitées par le
fisc rapace ». Le peuple, taillable et corvéable à merci, est
las de cette situation révoltante. L'auteur proteste énergiquement contre cet état de choses que les nations civili-
sées ne devraient pas tolérer.

Parvenu le 1er mars à Fez, la ville sainte aux épaisses
murailles crénelées, aux innombrables minarets, considérée par les musulmans comme le boulevard indes-
tructible de la foi islamique, dédale de ruelles infectes,
où pourrissent des carcasses de moutons, de chiens et de
chameaux, où pullulent des mendiants aveugles ou rongés
d'ulcères, invoquant la protection du vénéré Moulay
Idriss, l'auteur s'installe dans la capitale de l'empire ché-
rifien, entre en rapport avec divers habitants de Fez qui
le renseignent en catimini, de peur de se compromettre
aux yeux du Maghzen intransigeant et soupçonneux. Il
apprend le *berbri*, langue inconnue et parlée au Maroc
par plusieurs millions d'indigènes. Il se documente sur
les confréries marocaines qui étendent leur influence
jusqu'à la frontière algérienne.

Il visite le *Mellah* (Ghetto), quartier juif de Fez. « Mora_
lement », dit M. Mouliéras, « la Colonie juive de Fez est
aux antipodes de sa voisine, la sombre et grande cité
mahométane ». Le Mellah ressemble à une petite ville de
l'Europe occidentale. La prépondérance de la race juive
s'affirme, maintenant à Fez, par des actes. L'humble atti-

tude du juif vis-à-vis du musulman a disparu. Il n'est pas rare de rencontrer maintenant, à Fez, des musulmans au service de commerçants israélites. Le pacte d'Omar consacrant l'infériorité des Juifs, est tombé en désuétude.

Au Maroc, les Juifs sont des intermédiaires indispensables pour le commerce, c'est par eux que l'on entre en relations avec l'intérieur. Le Juif n'est pas haï au Maroc comme il l'est en Algérie. Sa probité commerciale est reconnue et appréciée par les Européens. Les Juifs sont favorables au développement de l'influence française. Sauf à Mogador où ils subissent l'influence anglaise, les Juifs Marocains sont favorables à la France, et c'est chez eux que notre langue est le plus répandue, grâce à la propagande de l'*alliance israélite* qui possède au Maroc, et notamment à Fez, plusieurs écoles où l'on enseigne le Français et aussi l'Hébreu. Ces écoles ne sont fréquentées, cela va sans dire, que par des israélites. Le niveau intellectuel y est assez élevé. « C'est, dit M. Mouliéras, un phare perdu au milieu d'un Océan de ténèbres ».

Néanmoins, l'Islam a marqué son empreinte sur la population hébraïque résidant au Maroc. Le Juif Marocain, dit encore l'auteur de Fez. s'est imprégné des mœurs, des coutumes, des vices et des superstitions du peuple musulman avec lequel il est en contact continuel. Comme le taleb arabe, le rabbin fabrique des amulettes, se livre à des pratiques de sorcellerie pour conjurer le mauvais sort. Comme les musulmans, les juifs marocains pratiquent le culte des saints, des santons thaumaturges qu'ils vénèrent et dont ils invoquent la haute protection.

L'auteur visite les mosquées de Fez la Sainte où 60,000 personnes au moins prient cinq fois par jour, suivant le précepte coranique. Il étudie, de visu, les mœurs indigènes dans la capitale du Maghreb. La torture y est encore en honneur et l'on a recours, fréquemment, aux plus horribles supplices pour se venger de ses adversaires politiques ou autres. La prostitution et les plus honteuses turpitudes s'y étalent au grand jour, cyniquement.

On y pratique librement la traite des blancs et des blanches. Éphèbes et filles de joie, achetés ou volés, y apprennent, de gré ou de force, leur infâme métier et sont soumis parfois à de cruelles épreuves, à une véritable torture avant de passer maîtres dans l'art chorégraphique auquel ils s'adonnent. Il en est de même, du reste, dans la province des Djebala.

A Fez, la femme honnête, la mauresque, jouit d'une réelle considération et occupe même parfois une situation prépondérante dans la société et dans la famille. Son influence se faisait sentir même à la Cour chérifienne où la mère du Sultan Abdel-Aziz, Rokiya, d'origine circassienne, qui avait reçu une éducation moderne, possédait un grand prestige et imposait souvent sa volonté au jeune monarque qu'elle dominait absolument.

* * *

M. Mouliéras poursuit son enquête et interroge des lettrés et des notables, des *savants*, pseudopolymathes en Sorbonne à qui il fait connaître les progrès de notre civilisation dont il fait ressortir à leurs yeux les avantages ; mais il se heurte à une opposition formelle de la part de ces croyants qui se retranchent derrière le Coran, le seul livre qu'ils connaissent et daignent étudier. Il constate, hélas ! que les docteurs et les professeurs de l'Université de Fez (la mosquée d'El-Kerouiyin comprend 3,000 tolbas), sont des ignorants, rétrogrades, fanatiques, des cuistres vaniteux, réfractaires à toute intellectualité, en dépit de leur réputation de sapience et aptes seulement à attirer dans le cœur des foules illettrées, ces deux terrifiants objectifs : le Panislamisme envers et contre tous, — l'exécration du non-musulman toujours et quand même !

L'auteur se rend ensuite au siège de la « North Africa Mission », Société de propagande anglaise, installée à Fez et dirigée par des dames évangélistes qui font en vain du prosélytisme pour la plus grande Albion, concurremment avec les missions chrétiennes françaises et espagnoles.

Ces propagandistes distribuent gratuitement des médicaments aux musulmans marocains, leur font l'aumône, apprennent à lire aux enfants, etc. Néanmoins, leur influence est nulle et elles ne jouissent d'aucun prestige aux yeux de la population musulmane qui accepte leurs soins et leurs remèdes, mais restent inébranlables dans leur attachement à la foi islamique.

Avant de quitter Fez, la ville trois fois sainte, M. Mouliéras assiste au carnaval marocain, réédition des antiques saturnales, orgie effrénée où les Fassiens se livrent à d'infâmes scènes de débauche, au son des tambourins et des fifres, tandis que du haut des terrasses, éclatent les stridents « you-you » des femmes, ivres de joie et de volupté, et c'est, enfin, le retour à Tanger où l'auteur rencontre, à la Légation de France, M. Révoil, le nouveau Ministre plénipotentiaire qui vient de rejoindre son poste et dont il prend bientôt congé pour rentrer en Oranie, l'esprit obsédé par un beau rêve que le général Lyautey a, depuis, réalisé : la France appelée à éclairer, à pacifier à civiliser le Maroc, cette terre merveilleuse qui, régénérée, sera un jour, avant qu'il soit longtemps, le plus beau fleuron de la Couronne coloniale de la France.

# LE MAROC INCONNU

Quiconque connaît la langue d'un peuple a dit Mahomet, est à l'abri de ses embûches.

On ne sait pas assez l'arabe, dit M. Mouliéras. Il faut l'apprendre, afin de connaître l'Islam et de se familiariser avec la société musulmane dont nous ignorons la mentalité. Nous ne connaissons pas le Maroc parce que nous ignorons la langue arabe. M. Mouliéras, qui est né à Tlemcen près de la frontière marocaine, s'est proposé le double but suivant : connaître le Maroc et le faire entrer dans la sphère d'influence française. Pour atteindre ce but, il s'est livré à une étude approfondie de l'arabe et est entré en relations avec de nombreux musulmans qui étaient allés au Maroc et qui connaissaient ce pays mystérieux. Il a eu la bonne fortune de rencontrer à Oran, un indigène d'une intelligence extraordinaire, doué d'une mémoire prodigieuse, Mohamed ben Tayeb, grâce au concours duquel il lui a été permis de publier une œuvre importante et très documentée sur le Maroc, sous le titre alléchant et prestigieux : *le Maroc inconnu*. Mohamed ben

Tayeb, né à Bougie, avait parcouru pendant 22 ans, le Maroc, dans tous les sens, pénétrant librement dans toutes les tribus, étudiant les mœurs de ses coreligionnaires marocains avec lesquels il sympathisait et à qui il inspirait confiance, grâce à son aspect de derouiche, déguenillé, miséreux.

M. Mouliéras l'a interrogé longuement, a consigné ses réponses avec une scrupuleuse exactitude et est parvenu ainsi, grâce à un labeur acharné, à composer à l'aide de cette longue interview, un ouvrage très sérieux sur la géographie et l'ethnologie du Maroc.

*Le Maroc inconnu* publié en deux volumes, comprend deux parties : la première est consacrée à l'exploration du Riff (Maroc septentrional), la deuxième a pour objet l'exploration des Djebala.

Dans le premier volume, paru en 1895, l'auteur avant de nous faire connaître, par le menu, la topographie, les mœurs et les richesses de toutes sortes des nombreuses tribus (30) qui composent le Riff, nous montre ce qu'est le Maroc *El Marrib el Akça* (l'Occident extrême), quelle est sa population très dense, composée d'Arabes, de Berbères, comprenant les deux tiers environ de la population marocaine, et d'un nombre assez restreint de nègres et de juifs. Il fait miroiter à nos yeux la merveilleuse richesse de ce pays qui a suscité les convoitises de l'Allemagne.

L'auteur y traite, en quelques pages, la question marocaine qui, en 1895, était déjà à l'ordre du jour, et déclare
qu'il importe d'agir le plus promptement possible pour
faire prédominer, d'une façon pacifique, notre influence
civilisatrice dans cette région idéale, mais barbare, sans
cesse en proie aux intrigues et aux querelles intestines,
pour établir notre suprématie dans ce pays incompa-
rable qui vaut, à lui seul, plus que l'Algérie et la Tunisie
réunies.

M. Mouliéras parcourt ensuite, avec l'aide de son
étrange et savant collaborateur, le derviche (1) Mohamed
ben Tayeb, les diverses tribus qui composent le vaste
territoire du Riff, décrivant avec force détails, en un style
clair, humoristique et attrayant, les mœurs originales, les
coutumes, les traditions, le langage de ces tribus autoch-
tones, et contant, avec une simplicité souriante, la
suggestive et pénible odyssée de cet explorateur indigène
qui, grâce à une énergie peu commune, poussé par une
irrésistible vocation, a pérégriné seul, sans escorte, tel un
pauvre chemineau, à travers cette région naguère encore
inconnue, vivant, grâce à son triple caractère de taleb, de
derviche et de mendiant, au milieu d'une population
farouche, indépendante, fanatique, réfractaire à toute
civilisation européenne.

_____________

(1) Ou derouiche.

hercules et merveilleusement aptes à la procréation. Ils méprisent les femmes bréhaignes et les répudient sans pitié. La femme riffaine est d'ailleurs généralement féconde et les familles nombreuses, dans le Riff.

La prostitution féminine est rare dans cette province où l'on ne badine pas avec l'honneur des femmes. En revanche, l'ignoble débauche s'y étale librement dans certaines tribus voisines des Djebala, grâce au concours des gitons, jeunes éphèbes qui sont passés maîtres dans l'art de l'amour et des aphrodisiaques caresses.

Le 2e volume du *Maroc inconnu* a pour objet l'exploration de la province des *Djebala* qui comprend 52 tribus. Grâce à la collaboration du derviche Mohamed ben Tayeb qui a parcouru cette province et en a étudié soigneusement les mœurs et les particularités de tous genres, l'auteur fait défiler, sous nos yeux, ainsi que de lumineuses et attrayantes projections, toute une série de récits, d'anecdotes pittoresques, de croquis originaux, de tableaux vivants, de peintures colorées, d'un impressionnant réalisme, parfois même d'un naturalisme à outrance, microcosme étrange, séduisant, savoureux, qui grouille comme par magie dans ces pages précises, sincères, suggestives, où, du haut en bas de l'échelle sociale, la vie marocaine apparaît, palpitante, sans voiles fallacieux, en sa nudité fruste, robuste, primitive, avec ses tares et ses vices, ses turpitudes, ses qualités et ses charmes troublants, nostalgiques.

La population Djebalienne est profondément corrompue. Elle se livre cyniquement à la débauche la plus effrénée. Le derviche Mohamed ben Tayeb a assisté, au cours de ses pérégrinations dans cette ravissante province, à d'ignobles scènes, à de véritables orgies démoniaques, où la lubricité des mâles musulmans se donne libre carrière, en compagnie des *gitons* impudiques et des *aïlas* (filles publiques). Le fanatisme religieux se concilie d'ailleurs à merveille avec l'écœurante dissolution des mœurs marocaines. « Danser, boire, manger, dormir, être la chose de leurs maîtres, des hôtes de passage à qui les amphitryons veulent faire plaisir, telle est l'existence des gitons, mâles et femelles, que l'on rencontre dans la province des Djebala, cette Sodome marocaine. »

En dépit de leurs mœurs dépravées, les Djebaliens sont toujours impitoyables à l'égard de leurs coreligionnaires de l'un ou de l'autre sexe qui se rendent coupables d'adultère et ils leur font subir d'atroces tortures. La femme est livrée à la fureur d'une populace ivre de sang qui se rue sur elle et lui porte des coups de bâton ou de couteau jusqu'à ce qu'elle meure, en proie aux affres d'une horrible agonie. Quant à l'homme adultère, on lui crève les yeux à l'aide d'une faucille rougie au feu et chauffée à blanc.

Sauf en quelques rares tribus des Djebala, la femme marocaine croupit dans l'ignorance la plus complète.

« Instruire une femme », disent les musulmans marocains, « c'est détruire la religion ! »

On trouve dans le second volume du *Maroc inconnu* des renseignements très intéressants sur les confréries religieuses, les zaouïas marocaines disséminées çà et là dans les tribus, notamment la confrérie des Haddaoua (ordre de mendiants et de vagabonds) répandue dans tout le Maroc et fondée au xviii<sup>e</sup> siècle par un célèbre Santon : Sidi-Heddi.

Les adeptes de cette importante confrérie rappellent les derviches hurleurs et tourneurs de l'Inde par leurs extravagantes contorsions et leurs burlesques simagrées.

On y trouve aussi une complète monographie de Tétuan, située dans la tribu des Beni-Houzouër et une notice historique de cette importante cité marocaine : une description détaillée et fort intéressante d'Ouazzan, l'antique « village des myrtes », tapi dans un nid de verdure, au milieu des oliviers et des orangers. Cette ville, située à égale distance de Fez et de Tanger, est le siège d'une grande association religieuse marocaine. la confrérie des Touhamyine. C'est là que réside le Chérif d'Ouazzan, chef de cette confrérie, descendant du Prophète ; une description naturaliste du *Ba-Chikh*, carnaval marocain en vogue dans le Riff, chez les Berabers, dans le *Sous* et dans les *Djebala* et consistant en scènes ignobles, écœurantes, bestiales, rappelant les Saturnales ; une monographie très documentée de Tanger, la vieille Tingis « cité magnifique qui dort au fond de la plus belle baie du Maroc » ville cosmopolite où vivent, pêle-mêle, chrétiens, juifs et musulmans marocains et algériens : le port le plus important du Maroc au point de vue commercial. Cette monographie est suivie d'une intéressante notice historique de la cité prestigieuse.

Après Tanger, voici Ceuta, vieille citadelle déchue de son ancienne puissance appartenant aujourd'hui à l'Espagne qui est très fière de cette possession marocaine.

En sa belle et généreuse conclusion, l'auteur, après avoir montré l'âme marocaine plongée dans une léthargie millénaire, hypnotisée par la doctrine pessimiste et illusoire du Prophète, réfractaire au progrès moderne et à la pensée libre, rationnelle, déclare avec une éloquente conviction « n'en déplaise » dit-il, « aux sceptiques et aux désabusés », que cette âme marocaine n'est pas morte et qu'elle tend au contraire, sinon chez les ignorants et les illettrés marocains, fanatiques intransigeants, cramponnés à la doctrine Coranique, du moins chez les talebs intelligents et les savants, à se réveiller peu à peu, à sortir lentement de sa profonde torpeur, pour se tourner vers l'irradiante lumière de la raison humaine et de la pensée libre.

Il importe, en conséquence, dit l'auteur du *Maroc inconnu*, d'aider le plus promptement possible à ce réveil

*

spontané de l'âme musulmane au Maroc, en envoyant dans ce pays enténébré, des missionnaires de la libre pensée, destinés à illuminer les esprits et à les émanciper au profit de la liberté de conscience.

Affranchis enfin de leurs dogmes étroits et de leurs dérisoires superstitions, les mahométans redeviendront alors des hommes libres et entreront dans la grande association fraternelle !

# L'HALLALI

---

Tel est le titre d'une brochure de MM. de Lamazière et Léty-Courbière.

Cette brochure n'est pas, comme on pourrait le croire, un traité cynégétique. Le sous-titre : Mœurs européennes au Maroc, renseigne aussitôt le lecteur et dissipe toute équivoque. Ce petit livre, très suggestif, est dédié « à la France, à ses représentants, aux Français dont le cœur a souffert au Maroc, et à qui cet ouvrage appartient, puisqu'ils l'ont vécu ».

Dans une courte préface, les auteurs précisent l'objet de leur œuvre et en caractérisent la portée  Le Maroc, ce précieux domaine colonial est, hélas ! une proie dont une bande de vils profiteurs sonne l'Hallali ! Cette région exceptionnellement douée au point de vue agricole et minier, ayant à sa tête un homme d'élite qui l'a, en majeure partie, conquise, et a jeté les bases de son organisation, doit, disent MM. de Lamazière et Léty-Courbière, être colonisé par une élite, au lieu d'être abandonnée à des aventuriers qui la dépècent comme une proie. Et après avoir ainsi fait connaître le noble but qu'ils se proposent, but éminemment patriotique, ils montrent, en un éloquent raccourci, l'œuvre admirable accomplie au Maroc par le Maréchal Lyautey dont ils mettent en relief les belles qualités d'Administrateur, de Colonisateur, de Chef remarquable, qni a su conquérir le Maroc non seulement quant au sol « *ense et aratro* », mais aussi quant aux esprits, réalisant ainsi le beau programme qu'il avait tracé de main de maître, et parvenant avec le concours de ses distingués collaborateurs, à édifier au profit de la France, un monument grandiose et un jardin merveilleux qui excitaient naguère la convoitise de l'Allemagne pour qui le Maroc était une alléchante proie qu'elle eût été heureuse de dévorer gloutonnement.

Mais, hélas ! ce bel édifice présente de nombreuses lézardes, et ce jardin merveilleux est encombré de mauvaises herbes. En ce qui concerne les entreprises marocaines, on constate, disent les auteurs de l'Hallali, de la négligence et de l'avarice en beaucoup d'endroits ; de l'incompétence et de l'inertie presque partout. Les installations des colons sont très défectueuses, voire même tout à fait primitives, sauf de rares exceptions. Il en est de même en ce qui concerne les entreprises de travaux publics, et l'Administration est complice de ce déplorable état de choses.

Sous l'égide administrative, disent MM. de Lamazière et Léty-Courbière, on voit au Maroc « les malhonnêtes

gens prospérer, tandis que les honnêtes gens piétinent ».
A tous les échelons de la hiérarchie, désintéressement
absolu du bien général, égoïsme déguisé ou cynique.
amour exclusif du gain « *per fas et nefas* », favoritisme
scandaleux. Les auteurs de l'Hallali comparent le Maroc
actuel à une véritable forêt de Bondy où les malfaiteurs
pullulent et se ruent à la curée ! Et dans un chapitre inti-
tulé « les bandits », ils citent à l'appui de leur opinion, de
nombreux exemples d'une éloquente précision, qui justi-
fient parfaitement le titre violent de ce chapitre final où
les documents abondent. Les affaires sont les affaires. On
veut s'enrichir vite et à tout prix. Pour atteindre ce but,
on n'hésite point à commettre, sans vergogne, des indéli-
catesses, voire même des vols et des escroqueries ! La fin
justifie tous les moyens.

Et dans leur navrante conclusion, les auteurs de l'Hallali
protestent avec une patriotique indignation contre de
pareilles mœurs dignes de la caverne d'Ali Baba, et déclarent qu'il importe de mettre promptement un terme à
cette déplorable situation. « Il est inadmissible, disent-ils,
que des gens sans patrie et sans aveu, qui se sont enrichis
pendant que tant de français honnêtes exposaient leur
vie et perdaient leurs biens, continuent à barrer l'accès
du Maroc aux honnêtes gens qui veulent s'y établir. » Il
faut que le Maroc, cette proie que convoitait l'Allemagne,
soit non pas une contrée en marge de la France mais

une plus grande France. Et c'est sur ces paroles réconfortantes et d'un patriotisme si pur, que se termine ce livre sain et très documenté. Je m'associe à cette belle conclusion et fait des vœux ardents pour que ces desiderata deviennent, avant qu'il soit longtemps, une réalité.

FIN

# TABLE DES MATIÈRES

ALGER — TYPOGRAPHIE JULES CARBONEL — ALGER

ALGER — TYPOGRAPHIE JULES CARBONEL — ALGER